「大学」を味読する

己を修め人を治める道

Iyota Satoru
伊與田覺

致知出版社

まえがき

日々自分の身を修め、更に世のため人のために尽くしてやまないような人物を大人《たいじん》と申します。その大人となるのに最も手近な古典が『大学《だいがく》』です。

そもそも東洋や日本における人間学の始祖は、いうまでもなく孔子《こうし》であります。孔子は、紀元前五五一年、今の中国山東省曲阜《さんとうしょうきょくふ》市郊外の尼山《にざん》の麓にある昌平郷《しょうへいごう》陬邑《すうゆう》に生まれました。名を丘《きゅう》、字《あざな》を仲尼《ちゅうじ》と申します。

乱れ行く春秋時代の末期に、理想社会の実現を夢見て東奔西走《とうほんせいそう》されましたが、遂に世に容れられずして、晩年に及んで母国魯《ろ》に帰りました。そうして後世のために古典の整理編纂《へんさん》とともに、育英の浄行に専念されたわけです。

弟子三千と称せられる中には、俊秀な人材が雲の如く多くおりました。ところが老境に及んで、道の継承者だと目《もく》していた稀有《けう》の人物顔回《がんかい》に先立たれ、孔子は「噫《ああ》、天予《われ》を喪《ほろぼ》せり」と悲歎《ひたん》の極に陥られました。

その頃、孔子からは「魯（にぶい）だ」と評せられながらも、はなはだ純真にして実行性に富んだ青年曾参《そうしん》（曾子）が天によって育てられていたのです。彼は孔子も親愛した弟子曾皙《そうせき》の子で、名を参《しん》、字を子輿《しよ》と申しました。

ある日、若い弟子たちの集いに孔子が来られました。特に曾参に向かって、「参よ、私の道は一を以《もっ》て貫いているのだよ」と語りましたところ、彼はすっくと立ち、孔子を仰ぎ見て、響の声に応ずるかのように何のためらいもなく「唯《い》（はい）」と歯切れよく答えました。

孔子は自分のこの一言が、以心伝心的に彼の心底に貫通したものと感悟し、未曾《みぞ》有《う》の満悦感に打たれたものと思われます。それからは一言も発せられず、踵《きびす》を回らせて足取りも軽く引き返されたものと想像されます。

ただ居合わせた他の門人たちは、不審に思って、あれはどういう意味かと尋ねました。彼は先生の言われる「一」は「仁」だと言わずに、「忠恕《ちゅうじょ》のみ」と彼自身の言葉ではっきりと答えたのです。

時に孔子は七十二歳、曾参は二十六歳でした。

それからの孔子は、斯道《しどう》の将来に限りない希望を抱きながら、若い曾参に、自らの真骨頂を伝授されてやまなかったと思われます。そうしてその翌年（紀元前四七九年）、孔子は曾参はじめ多くの弟子たちに見守られながら、静かに世を去られたのです。

以来、彼は師の遺教に一入《ひとしお》随喜《ずいき》し、ますます日々三省を重ねて自らの錬磨に努め、師道弘揚のために精魂を打ち込みました。更に『大学』や『孝経《こうきょう》』等の名著をも残して、文字通り斯道の継承者と仰がれるようになったのです。後世、孔子を至聖、曾子を宗聖と称するのも宜《うべ》なるかなです。

『大学』の著者や時代については、諸説紛々ですが、それらの考証は、その専門家に任せて、不束《ふつつか》な小生は、現存する人間学の貴重な道標として、生涯学び続けたいと願うものであります。

『大学』の書は、現代『礼記《らいき》』から抽出した一篇の『古本大学』と南宋の碩学朱《せきがくしゅ》子《し》が改編した『大学章句』の二本があります。
本講座に於《お》いては、教本としては『大学章句』により、解釈は先覚諸賢《せんかくしょけん》の説を参考にしながらも自在にさせていただきましたので、皆さまからの忌憚のないご批正《ひせい》を賜り得ば大幸の至りでございます。

小生は、昭和四十五年から三十四年余り、金剛生駒《こんごういこま》国定公園の深山中に仙居しながら、登り来る多くの真摯《しんし》な参学者と『大学』を学んで倦《う》むことはありませんでした。

ところが仙人になりそこねて、平成十五年に、八十八歳のときに山を下りてまいりました。そうしてまさに文化生活に翻弄《ほんろう》されている最中《さなか》に、奇しくも『大学』の「致知《ちち》」を眼目《がんもく》として経営しておられる「致知出版社」の藤尾秀昭社長と邂逅《かいこう》したのです。それが遂に東京の中央での六ヶ月にわたる「大学講座」に繋《つな》がるようになったわけです。

それから程経て先日、山猿に等しい小生の雑駁《ざっぱく》な講話録を上梓《じょうし》されるとして、編集部の番園雅子さんが丹念に整理してくださった原稿を手にし、感激一入のものがありました。

早速校正して返送する前に、本講座を終始聴講した老妻に通読を頼みました。

ある日彼女が熱心に読み進める中に、「詩《し》に云《い》わく、緡蠻《めんばん》たる黄鳥《おうちょう》、丘隅《きゅうぐう》に止《とど》まると。子《し》曰《のたま》わく、止《とど》まるに於《お》いて其《そ》の止《とど》まる所《ところ》を知《し》る。人《ひと》を以《もっ》て鳥《とり》に如《し》かざるべけんや」に至ったとき、いずこから飛んで来た鶯《うぐいす》が拙宅《せったく》のほとりで一声高く鳴きました。彼女はこの奇瑞《きずい》に感動のあまり、思わず頓狂《とんきょう》な大声をあげたのです。

たまたま私も書斎から下りて来たときで、驚いてどうしたのかと聞くと、かくかくというのです。そこで私もそこを声をあげて読み、まさに私の解説の文に至ったとき、かの鶯は静かにゆったりと声を残して去ったのです。

二人は暫《しばら》く感に堪《た》えずして言葉もなく微笑み合いました。そうしてこのささやかな一書が、二千五百年前の孔子の悲願達成の一助ともなればと、おこがましくも念じてやみませんでした。

ここに更《あらた》めて、藤尾社長さんと柳澤専務さんとの遇い難い知己のご道情にあわせて、番園さんのご苦労に対して深甚なる謝意を表する次第でございます。

平成二十年七月一日

有源舎に於て　伊與田　覺

己を修め人を治める道＊目次

第一講　人間の本を養う――『大学』を学ぶ意義

第二講　大人の学――『大学』三綱領の意味するもの

第三講　知行合一——自己を正すための八条目

第四講

「親しむ」ことからすべてが生じる

第五講

「良知」という鏡で心を照らす

第六講

徳は本なり、財は末なり

装　幀——川上成夫
編集協力——柏木孝之
臼倉和夫

第一講

人間の本を養う

――『大学』を学ぶ意義

私は三十四、五年の間、人里離れた山中に暮らしていまして、娑婆《しゃば》に出ることは非常に少なかったわけです。人偏に山を書くと「仙」となり、「仙人」という言葉があります。私も三十数年山にいて、だいぶ仙薬が煮詰まってきて、これで本当に仙人になるのかなと期待しておりましたところ、思いがけなく娑婆に下りてこなくてはならなくなりました。

人偏に谷を書くと「俗」となり、俗人という言葉がありますが、私は仙人になりそこねて俗人にまた帰ったというわけです。しかし俗人に帰ったとはいえ、長く俗世間を離れておりますとだいぶ様子が違っております。これは改めて俗の勉強をしなければいかんなと思いまして、しばらくじっとしておりましたところが、全く思いがけない人と相知るようになり、めぐりめぐって今回、『大学《だいがく》』についてのお話をするということになりました。

山から出てきた猿が東京のど真ん中でお話をするわけですが、東京には天下に名のある優れた学者先生がたくさんおいでになります。改めて私がお話を申し上げるまでもないとご遠慮したのでありますが、学者でないところに私の存在の意味があるそうですから、ノコノコと参上いたした次第です。

本を読むとは自分の意見を持つこと

今回は『大学』をテキストにしてお話をするという趣旨です。『大学』は短い文章なので、すぐに読み終えます。短いとはいえ、読んだのと読まんのとは比較になりませんから、皆さん、一度読んでおくとよろしいでしょう。

それと、書物にもそこここを拾い読みするとか、非常にいいところだけを抜き出して読むという読み方もありますが、やっぱり全体を読んで、その中から自ら吸収していくというのがよいのです。人の意見を聞くことは大切ですが、自分の意見が出てきてこそ初めてその書を読んだということができます。その点では、この『大学』を読んで「自分はこうだ」というものが腹にグッと収まったとき、『大学』というものを本当に自分のものとしたということがいえると思います。

そういうことで、私もお話は申し上げますが、これは私の意見として申し上げているわけで、どうぞ忌憚《きたん》なくご批判も加えられ、また他の人の書物などもお読みになってあれこれと総合されるのがよろしかろうと思います。

「成人」の持つ二つの意味

さて、最初に『大学』というものの位置づけをお話ししたいと思うわけですが、それに先立って、少し基礎的なことをお話し申し上げたいと思います。

「成人」という言葉は皆さんご承知でありますが、この成人には二つの意味が考えられるわけであります。その一つは、成年に達しておるということ。いわゆる二十歳に達すれば誰でも皆、成人であります。これは「大人《おとな》」という意味の成人です。もう一つは成人を下から読んで「人と成る」という意味がある。

「人と成る」とは立派な人間になる、人間らしい人間になるという意味です。成人にはこの二つの意味があるわけですが、「大人《おとな》」という意味の成人は、特別に努力をする必要はありません。誰でも飯を食って二十歳になれば、皆、成人としての扱いを受けるわけです。一方、「人と成る」というのは、これは努力が要《い》りますね。

人間は動物と神仏の中間に存在しておるものでありますから、我々は動物的な面と神仏の面の両面を備えております。その人間というものが、どちらのほうを向いて努力をするか。動物のほうに向かって努力をするか、神や仏のほうに向かって努力をするかによって、同じ人間でも全く逆の方向に進んでいくわけです。

『論語』という書物の中にも「性、相近きなり。習い、相遠きなり」とあります。人間の生まれというものはあまり変わらない。性は相近いけれども、習い、つまり学習によって大きく隔たりが出てくるのです。

あるいは同じ『論語』に「教えありて類なし」という言葉がある。人間は正しい教えを授ければ誰でもが立派な人間になっていくものであって、初めから特別な種類があるわけではない。生まれがいいとか悪いとか、そういう特別なものがあるわけではないというのです。そこに隔たりが生じてくるのは、その人がどちらの方向に向かって自らをつくり上げていくかによるのです。

ですから、我々はまず「人と成る」のが大事でありまして、皆さんが『大学』をお勉強なさろうとする意義もまた、そこにあるのだろうと思います。

そこで人とはなんぞやというと、これは大きく分けますと二つあります。一つは個人としての人、そしてもう一つは社会人としての人という両面を持っています。昔は社会のことを「じんかん」と申しました。古い書物を読むと、人間という字を「じんかん」と読んでいます。

それを「にんげん」と読むようになったのは、中国の唐の時代の初め、太宗《たいそう》という人が王様のときです。太宗は諱《いみな》、つまり名前を「世民《せいみん》」といいました。それまでは一般の人のことを「世民《せいみん》」といっていたのですが、王様の名前と読み方が同じなものだから、ちょっと具合が悪い。

そこで、それまで「じんかん」と読んでおった人間という字を「にんげん」と読んで、個人のことを表すようになったのです。

ですから、古い書物では、人間という字が出たら「じんかん」とお読みになると正しい場合が多い。

「社会」という言葉がありますが、これは非常に敬虔《けいけん》な言葉です。「社」というのは社《やしろ》であります。神様をお祭りするところ。その神様の前での集いを社会といったのです。だから西洋でいうソサエティーは、実際は「社会」と訳するよりは「人間《じんかん》」と訳したほうが適確であったと思います。

そういうことですから、個人としての人、社会人としての人、それぞれについて重要な要素があるわけです。

個人の三要素は徳性・知能・技能

このうち個人として大切な要素には、まず誰もが生まれながらにして与えられておる「徳性」というものがあります。

そしてまた、我々には物を知る能力があります。これは知性といってもいいのですけれど、知性というと別の方面に使われることもありますから、「知能」というようになりました。

それから「技能」、物をつくり出す能力があります。これも誰もが生まれながらにして与えられているものです。

これは人間だけじゃありません。動物にも与えられていますが、人間はそれらに比較にならないほど優れた「徳性」「知能」「技能」というものを生まれながらにして与えられているのです。

物事には必ず本末がある

この三要素というものはいずれも大切ではありますが、物事には必ず本末というものがあります。木をとってみましても、根があり、幹があり、枝があり、葉があるというふうに、本末というものがある。

それでは木にとっての本になるものは何かというと、これは根でありましょう。幹や枝や葉や花というのは外に出てくるものですが、これは末であります。梢《こずえ》という言葉も、これらが末であることを表しています。

申すまでもなく、植物は種のときにすでに根になる部分と枝や葉になる部分とが遺伝子の中で決まっています。だから無作為に種を蒔《ま》きましても、根になる部分は地を目指し、幹や枝になる部分は上を向いていく。一つひとつ、これは根になるか幹になるかと見極めてから蒔く必要はありません。バーッと蒔いたら勝手に根は根になるし、幹は幹になります。

人間もそれと同じでして、生まれたときから本末があります。本になるのはどちらかというと徳性であって、知能や技能は末にある。だからその人間を立派に育てあげる場合には、本になる徳性をしっかり養っていかなければなりません。それに合わせて知能・技能というものを育てていくのです。

この徳性を育てていく学問を「本学」と呼び、それに対して知能・技能を育てていく学問を「末学」と呼びます。また、教えるという点からすると、徳性を教えるほうが「本教」であって、知能・技能を教えるのは「末教」ということになります。宗教の「宗《しゅう》」という字は「本筋」という意味です。家でも本家のことを「宗家《そうけ》」と言います。これは同じ宗という字を書いて「そう」と読みますけれど、意味は同じで、本筋であるということです。

だから人間となるための本筋の教え、これが宗教なんです。宗教というものは、物をつくるものではありません。人をつくるものです。その人の中でも、自分をつくっていく一番の本になるものが宗教です。だから宗教というものはどこまでも個人的なものです。

人間は一人ひとり顔が違うように、徳性も皆、違います。そういう個々の徳性を持って生まれてきていますから、それを十分に発揮し得たら、この世に生を受けた意味というものを十分に果たすことができるわけでありましょう。徳性が人間の本であるゆえんもここにあります。

社会人の四要素は道徳・習慣・知識・技術

今度は社会人としての人間を考えると、その本になるものは道徳や習慣というものです。そして知能の働きによって知識を吸収して、技術を磨いていく。

したがって、社会人として大切なものとしては、「道徳」「習慣」「知識」「技術」の四要素を挙げることができると思います。そして、社会人として人と成る上において本になるのは、道徳・習慣を修得することであり、さらに知識・技術を修得することによって、社会人として十分に成長していくことができるわけでしょう。

宗教と道徳は人をつくる両輪

その中でも道徳というもの、これは社会生活において欠くことのできないものです。だから宗教と道徳を並べていうことがありますが、この両者を備えることによって個人として立派になり、社会人として健全にやっていくことができるのだと思います。

一時期、オウム真理教の問題が起こったことがあります。優秀な青年が宗教に凝ったといいますか、マインドコントロールを受けたという事件がありました。彼らは宗教的にはまことに純粋でしたけれども、道徳を身につけていなかった。したがって非常識なことも平気でやって、世の中に害毒を流してしまったわけです。あの人たちがもう少し道徳というものを身に修めておれば、大したものだったと思いますね。

これはオウム真理教だけではありません。今、優秀な青年がいろいろと社会的な問題を起こしておるというのは、やはり道徳というものを無視する、あるいはその教育を受けられなかったことが原因となって、彼らを誤った方向へ走らせたのであります。

人間学と時務学

人となるためには、どうしても本になる学問をする、あるいは教育を受けることが大事です。そこで、そのような学問を特に「人間学」と呼んでいます。これに対して、知識や技術を身につける学問を「時務学《じむがく》」といいます。普通、「じむ」というと「事務」と書くことが多いのですが、これは「時」を書いて「時務」。

成人学の中には、この人間学と時務学との二面があります。本末という点からすると、人間学が本で、時務学は末になります。

ただし、時務学は末ではあるといっても、知識・技術というものはまさに日進月歩《にっしんげっぽ》であり、世に立っていくためには常に新しい知識・技術を身につけることが大切です。あるいは企業を運営する上においても、常に新しいものを吸収していかなければなりません。そのときの務めを果たす上において、時務学は重要なものであります。

私ももうこんな年になりましたから、パソコンはやるまい、今さらしても、と思っていたところに孫が二人、アメリカから帰ってきましたので、ちょっと孫に頼んで教えてもらおうという気になった。やってみると、あれは便利なものです。こんなものが、と思う発見があります。

だから最近は、朝起きると必ずパソコンを開いて、インターネットで自分の尊敬する人のいろんな言葉を探して見ています。

そうしたら今度は曾孫《ひまご》が生まれたときから孫が毎日写真を撮りまして、ちょっと短い文章をつけたホームページをつくりましたので、それを毎朝見ています。これは育児法の指導書になるなと思うぐらい、変化の様子がよくわかる。

私は自分の子供がどんなふうにして育ったか全然知りません。

女の人は我が子を育てるからよくご承知でしょうけれども、男というのは皆、それほど子供のそばにおれません。一日に一遍、顔を見るというような場合もあれば、見ない場合もある。

だからどうして育っていったのか、我が子のことながら知らない。知らないけれども、孫が曾孫を育てている様子を見ると、「ああ、えらいもんだなあ」とわかります。それもパソコンを通じて知ることができるわけです。

パソコンというのは今、いろんなものを生みつつありますから、もはやこれを除外して語ることはできないでしょう。けれども孫が私にパソコンを教えるときに言いました。「おじいさん、パソコンは全部信用したらいけませんよ」と。あ、そうだなと思いました。確かに、本当に正しいかどうかを判断するだけの能力は持っておくことが必要でしょう。

人の指導には〝学・芸〟が欠かせない

昔は学問といったら人間学のことをいいました。そして知識・技術を学ぶ時務学のほうは芸といったんです。芸術の芸ですね。

学芸という言葉があります。戦後、日本に学芸大学というのができたとき、これはいい名前だと思いました。というのは、人の指導をする場合には、人間学であるところの学を修めて、そして世の中に立っていくのに必要な知識・技術である芸を身に修めなくてはいけないからです。学と芸の両者を修めることによって、人の指導者にもなることができるというわけですね。

ところが、いつの間にやら学芸大学がなくなって、教育大学とか教育学部というように、人間を指導することを教育という狭い意味にとるようになってしまった。これはともするとと誤解を生みます。本当は、学芸が非常に大切なのです。

私は二、三年おきに中国へ行くことにしておりますが、かつて中国では共産党がはびこって文化大革命というのを強行しました。そして批林批孔《ひりんひこう》（林＝林彪《りんぴょう》、孔＝孔子）といって、特に孔子の教えを迫害しました。もう中国から孔子の教えは抹殺されてなくなるのかと思われるほどひどいものでした。

ところが文化大革命を主導した江青《こうせい》（毛沢東《もうたくとう》の第三夫人）一派が粛清《しゅくせい》されることによって、評価が一変しました。それまで「世界で最も悪い人間は孔子だ」といっていたのが、「最も優れた思想家であり、我々が誇るべき教育者である」というふうに変わった。その後、曲阜《きょくふ》（孔子の生地）というところにある孔子廟が世界遺産にまでなりました。

最近、その曲阜に二つの施設ができました。一つは論語碑苑という施設です。『論語』は約五百章からできていますけれど、その一章一章を石に刻み込んだものを庭園の中にずうっと建ててあります。大変に広大なものです。

そしてもう一つ、六芸城という施設があります。六芸というのは、礼・楽・射・御・書・数のことです。

昔は役人になる、いわゆる就職するためには、少なくともこの六芸だけは身につけていないと採用されなかったんです。だから、これは仕事における基本的な知識・技術です。そういう時務学的な知識・技術を身につけることが大切だということを、これもまた広大な建物で示しています。

小学・中学・大学が人間学の三学

これからご一緒に『大学』を勉強していくのですが、ここでは『大学』の知識を吸収するというよりも、人間学としての『大学』に重点を置いてお話を進めていきたいと思います。

人間学には大きく分けると三学があります。それは小学であり、大学であり、そして中学というものがある。学校組織の中にも小学校、中学校、大学とありますが、ここでいう小学、中学、大学は人間学の内容につけた名称です。

小学というのは小人の学です。小人というと、「子供」とか「つまらない人」という意味もありますが、ここでいう小人は「普通一般の人」という意味ですね。普通一般の人、すなわち誰でもがいつでもどこでも弁《わきま》えておくべき基本的なことを学んでいく学問を小学といいます。

言葉をかえますと「尋常《じんじょう》」ということですね。常を尋ねる。この常は常識といってもいい。常識を身につけるといってもいいと思います。

世に出る基本を身につける小学

私らの小学校に通った時分は上に尋常がつきまして、尋常小学校といいました。それが後に国民学校になり、今は単に小学校といっておるわけですね。こう並べてみると、尋常というのは小学校のなすべき目標が明確に示されています。常を尋ねて、学校を卒業したら世の中に立っても通用する。そういう基礎的なことをちゃんと学ぶ場所が小学校であるということです。

明治五年に学制が発布されて義務教育というものが行われるわけですが、昔の小学校は四年制です。四年を卒業してから中学校とか女学校へ行く人はほんの僅かでした。ですから、大学へ行くなんていう人は本当に少ないものでした。九十数パーセントまでは小学校を出て、丁稚奉公《でっちぼうこう》に行ったりいろいろして世の中に出た。いわゆる社会人となったわけですね。

だから小学校のうちに、世の中に出てちゃんとやっていけるだけの基礎的なものを身につけておかなければいけない。その意味では、昔の小学校の先生というものは、子供の一生を支配するような非常に重要な役割を持っていたわけです。

松下幸之助さんは小学校の卒業間際にすでに故郷を出て、大阪の火鉢《ひばち》屋に丁稚奉公に行きました。シャープを起こした早川徳次さんは家の関係で小学校を三年生でやめまして、卒業証書を持っていないそうですね。私は非常に親しくしていただきまして、晩年はよく二人で話をしたものですが、なかなか立派な人です。だけど小学校は出ていない。

小学校を出ませんでしたから文字をよく知らないのですけれど、非常に発明的才能を持っておられて、シャープペンシルとかああいうものを発明された。でも、自分では本が自由に読めないし、手紙を書こうと思ったら人に書いてもらわないといけないというので、毎日一文字ずつ漢字を覚える願を立てて、それを数年続けて何とか読み書きができるようになったんです。

この人の非常に偉大なるところは、借金をしたら返さなくてはいけないということをちゃんとしていたことです。東京に大震災が起こって新しく設備投資をしたのが全滅してしまった。その上に家族までも失ってしまった。そこに借金取りが来てどうにもならないというときに、借金のかたに自分の持っていた特許権を全部渡してしまうんです。それでも足らないので、借金をしたところへ行って働いて借金を返した。そして返したとたんに独立をしたんですね。

小学校は出ていないけれども、借りた金はちゃんと返すということを実行しているところが偉いところです。通ったのは短い期間であったけれども、人間としての基本的なものをしっかり身につけていたということでしょう。

大阪というところには弱電機メーカーがたくさん生まれています。シャープ、松下、それから三洋なんかもそうです。三洋の井植歳男さんのころは小学校が六年になっていたそうですけれど、この人は六年を卒業して、そのあとは夜学なんかに通ったようです。

ですから皆、小学校だけ出た、あるいは小学校も出られなかったという人が、弱電機メーカーの創業者になって大を成してきたわけです。

これだけ見ても、小学というものを学ぶことによって、尋常という世の中に出て通じる基本的なことが身につけられるということがおわかりでしょう。

小学とは「修己修身の学」

この小学を内容からいいますと「修己修身の学」ということになります。自己自身をちゃんと修めていくほうに重点を置いたのが、小学というものであります。

我々の時分には、あるいは戦前の国民学校もそうだったと思いますが、修身というのが学科にありました。これが一番の基本になっていました。けれども戦後になると教育行政で大いなる変革がなされまして、学校の中でまず第一に学科から外されたのが修身科でありました。それから国史科と地理科も廃止されて、社会科というものが新設されました。戦後は自己自身を修めるところの学科がなくなってしまったわけです。

何はともあれ、焼野原と化した国土を復興しなければいかんというので、経済復興というものが非常に重要になる。その経済復興をする上において一番手近なものは、それに必要な知識・技術を身につけるということである。だから、本学である修身科を廃して、末学のほうに重点が置かれたわけです。

幸いにして日本人は経済の面においては世界も驚くような復興を果たしました。それは今、中国がえらい復興しとるというけれども、あれよりもはるかに早く復興してきたのが戦後の日本です。

昭和四十五年に万国博覧会が大阪で開かれました。焦土と化して再び立ち上がれないだろうと思われた日本が苦心協力をして経済復興を成し遂げた。あの万国博覧会は、その水準が世界の先進国に追いつくところまで行ったという証《あかし》なんです。それまで白人種以外の国では万国博覧会が開かれなかったのが、この有色人種の国において、しかも敗戦国の日本において戦い破れて二十五年の後に開いたのですから、これは大変なことだったんです。

その一方で、昭和三十年頃に、日本人はエコノミック・アニマルと呼ばれるようになった。経済的動物であると。それぐらいならいいけれど、エロチック・アニマルなんて言われて軽蔑的な眼で見られるようになってしまった。

これではいかん、何とかしなければ、というので、すったもんだの末にできたのが道徳科というものです。昔の修身科が道徳科として復活をするんです。

それが昭和三十二、三年の話ですから、昭和二十二年ぐらいからそのあたりまでは修身科もなく道徳科もないという時代があったわけです。そういう時代に学んだ人が今、政治界でも経済界でもトップクラスに来ている。これらの人々に修身科とか道徳科といってもわからんわけです。いわゆる小学的教育を受けずに来た年齢期の人たちがあるということですね。

大学とは「修己治人の学」

小学に対して大学というのは大人の学です。これを「だいにん」と読むと一般的な「おとな」という意味にとられますので、これは澄んで「たいじん」と読みます。「たいじん」というと、「おとな」とはちょっとニュアンスが違うんです。つまり、他に良い影響を及ぼすような、そういう優れた人物を大人《たいじん》というわけです。小人の学というのは自分自身はちゃんと修めますけれども、まだ他人にまで影響を及ぼすところまではいかない。人に影響力を持っているのが大人であります。

この影響にも善と悪があります。善悪というものを比較すると、悪は善と比較にならないぐらい強い影響力を持っています。一人の悪人がする罪悪はただちに世の中に大きな影響を与えます。

千人いれば、おおむね九百九十九人までは善人であって、真剣に世のため人のためにも働いておる。けれども、これらの人はなかなか目立ちません。けれども悪人というものは、その与える影響が大きい。だから有名になろうと思ったら悪いことをすることだ。そうすれば、すぐに天下に名を知らしめることができる。それぐらいの影響力があります。

しかし、ここでいう大人は他に良い影響を及ぼす人物です。そういう人物となるために、大学を修めなければいけないんです。

したがって大学の内容は、自己自身をますます修めていくとともに、他にも良い影響を及ぼすことができるように学んでいくことであって、いわゆる「修己治人《しゅうこちじん》の学」を大学というのです。

そして、その大学を学ぶにあたって一番手近なテキストが、これから学ぼうとする『大学』なのです。

中学は「調和の学」であり「創造の学」

小学、大学に加えて、もう一つ、中学というものがあります。中学は中人の学です。この中という字に「中《なか》」とか「内《うち》」という意味があることは誰でもがよく知っていることですが、そのはたらきに「結ぶ」という意味がある。結び合わせることです。

結び合わせることを考えた場合に、それには同質のものを結び合わせる場合と、異質のものを結び合わせる場合との二つがあります。いわゆる混合と化合です。この「中」には、異質のものを結んで、そこから新しいものをつくっていく。「化合」あるいは「化成」という意味があります。

化成という言葉は何千年も前からある古い言葉です。三菱化成とか旭化成という会社がありますけれども、あの化成はもともと『易経《えききょう》』の中にある言葉から名前を取ったものです。この場合の「結び」は、「創造する」という意味ですね。

そして、「中」にはもう一つの意味がある。それは「当たる」という意味です。この「当たる」にも二面がありまして、一つは「良い所」に当たる。これを「的中」という。もう一つは「良い時」に当たる、タイミングがいい。これを「時中」というんです。ですから、ものを結び合わせるときには、良い所と良い時を得なければいけません。

悪いものに当たることを中毒といいますね。あの中毒の「中」は「当たる」という意味です。心中の「中」は「結ぶ」という意味です。いろいろな障害があって男女がこの世では結ばれない。それで死んで心と心が結ばれて永遠に幸せな生活をしようというのが心中。心中というのは非常に希望的な死に方なんです。それを苦しんで死ぬのが無理心中でありますな。

でありますから、言葉をかえると、「中」というのは対立ではなくて調和である。調和することによって、そこに新しいものができる。これを創造というわけです。

一方、調和に対するものが対立であります。対立すると、そこに争い、闘争が起こる。争いが起こると、そこに破壊があります。

対立にあらずして調和が中。だから中学というのは「調和の学」であり「創造の学」であるわけです。

天地を結ぶ「天」というもの

人間は偉大なる創造者です。その一番の象徴は、男性と女性という異質のものが結ばれて、そこに子供というものが生まれてくる。これは調和と創造を意味するものです。男だけでもいかん、女だけでもいかん。両者が結ばれなければなりません。だから人間は偉大なる創造者である。いろいろなものを創り出しています。

さらに偉大なるものは天地であります。この天地が結ばれることによって、そこに万物が生成しているのです。

人間だけで子供が生まれるか、天地が別々にやって万物が生まれるかというと、そういうものではない。それぞれ結ばなければいけない。その結ぶもう一つの働きがある。その結びは、天地を結んでおるものです。これは目には見えないけれども大きな働きを持っている。こういう天地宇宙の根源の働きを為すものを中国や日本では「天」と呼んでおります。

この場合の「天」は天地の天ではありません。我々が「天命」だとか「天性」だとかいう場合の「天」は、天地の天ではないんですな。その結び役のことを天というんです。

これは目には見えないけれども存続し、存在している。非常に科学が発達しても、なおかつわからないものだけれども、確かに存在しているものです。

これを名づけて「天」といっている。そして、これは不可解なるもの、摩訶不思《まかふし》議《ぎ》なるものであるという意味で「神」ともいっています。したがって、「天」というのも「神」というのも同じものだと考えてよろしい。

心眼心耳で天を知る

その天とか神とかいっているものが「わかる人」と「わからない人」がいるんです。我々の感覚器官の代表的なものは耳と眼でありましょう。我々には二つの耳があり、二つの目があります。しかし、この肉眼肉耳では天はわからん、神はわからんわけです。

けれども、もう一つの眼があり、耳がある。それが心眼《しんがん》であり心耳《しんじ》です。心の眼と心の耳。これが開いたら、声なき声が聴こえ、形なき形が見えてくる。そういう人がいるんですね。たとえば、お釈迦さんであり、キリストであり、あるいは孔子です。

同じ顔をし、同じように生活しながら、心の眼の開いた人と開いてない人とでは比較にならない。一と〇を比較するようなものです。そういう人が存在しているわけですね。

偉大なる科学者というものは、その見えない世界に向かって邁進《まいしん》しているんです。なんとか見えないものを形において見せようとしている。それはある程度うまくいっていて、神の域に迫ってきています。百年も前には夢想もできないことが、今は実現しています。テレビやラジオなどはまさにそうですね。

お経の中には極楽の世界が描かれておりますが、その中に今、我々が実現したものが随分たくさんあります。

たとえば天眼通（千里眼）なんていうものがある。千里も離れた遠くのものを居ながらにして見ることができる眼を持っているというのが千里眼です。それが今、テレビによって現実のものになっております。火星の世界でも見えるようになっとるのだから、千里どころの話ではない。

また天耳通というのがある。千里の向こうの声が聴こえて来る。それはまさに超人的な力でありましょうけれども、今は何も珍しいことではない。ラジオを聴けば聴こえてくるわけですからね。本当に便利なものです。千里の先にあるものを居ながらにして聴くことができる。

そういうことで、天眼通にしても天耳通にしても、昔の人が神の世界と思っておったことを今、科学者が実現しているんです。もう神の世界ではない。現実の世界となっているんです。

天馬空というのもあります。これは空を自由自在に飛ぶという力。ところが今はロケットで太陽系の外までも飛んでいこうかというぐらいに発達しています。『竹取物語』なんて、ロケットにきれいな着物を着せたら昔の物語がそのまま現実になると思いますな。

このように、お経が想像をたくましゅうして描いた世界が実現しておるのです。

ところが、そういう機械を使わずに宇宙の根源と相交流することのできるような偉大なる人が人間の中にはいる。これを否定するわけにはいきません。テレビやラジオをつくるだけの能力以上のものを持った人間が確かにいるんです。

そういうことでありまして、中学というものは調和の学であり、創造の学であり、天の学であり、さらにいえば神の学である。この「中」というものを得る、中人となるのは非常に大切なことであります。

人の上に立つ者は中人でなくてはならない

中人に人偏をつけると仲人《なこうど》になりますね。昔は男女を結ぶのに必要なのが仲人でした。ところが最近は、結び役の仲人がいない結婚式が増えてきています。仲人がいないから結婚も非常に楽だけれども、離婚も非常に楽になりました。

スポーツでも監督というものの役割が非常に重要です。監督は中人でなければならない。たとえば野球などは団体競技のようではありますけれども、個人プレーも多い。それでも、勝つためにはチームが一つにならないといけない。それを結んでいるのが監督です。ホームラン王が必ずしも名監督になるとはいえない。優れた個性のある選手を一つにまとめていく手腕が問われるんです。

個性のある、そして能力のある者をたくさん集めて、その能力を十分に発揮させながら結ばなくてはいけません。上に立つ者は、すべからく中人でなくてはならないのです。

だから大工の棟梁《とうりょう》というものは、自分の腕を光らせてはならないんです。自分の腕をいつまでも光らせているような人は棟梁にはなれない。左甚五郎は、あれは棟梁になれない人です。宮本武蔵も、あれは大名にはなれない人です。個々人としては優れているけれども、能力のある人を集め、その能力を十分に発揮させることができない。それをしようと思ったら、自らを没しなきゃいかんのです。

孔子を語るとはキリストや釈迦を語ること

『大学』に入る前に、もう一つ語らなくてはならないことがあります。

世界の三大聖人というのは、ご承知の通り、釈迦、孔子、キリストを指します。

この三大聖人は生まれた時が違います。キリストが一番新しくて、釈迦と孔子はそれから五百年あまり前の、だいたい同じ時期に出ています。また、この三人は生まれた土地も違います。けれども、唱えている中身は同じです。表現は違いますよ。キリストは愛といい、釈迦は慈悲といい、孔子は仁という。その表現は違うけれども、内容は同じことをいっているんです。

どうしてそうなったのかといえば、同じ先生が一人いるからです。その先生というのが天です。三人とも皆、天から直接学んだ人なんです。

それはちょうど、電気の原理が三千年の昔も今日も変わらないのと同じようなものです。あるいは、政治体制の違うアメリカや中国や日本でも電気の原理は変わりませんね。それは根本が一つだからでしょう。

だから、孔子を語るということは即キリストを語ることにもなるし、釈迦を語ることにもなるわけです。

とはいえ、それぞれ人には縁というものがあります。だから、自分には誰の言葉が一番ピッタリ来るかということで選んでいけばよろしいのです。これからは、その中の孔子を中心としてお話を申し上げるということであります。

孔子の生涯

孔子の「子」というのは「先生」という意味です。名前ではありません。孔先生ということになります。名は丘《きゅう》といいます。それから字《あざな》を仲尼《ちゅうじ》といいます。仲というのは二番目の子供という意味ですから、孔子は長男ではありません。次男であるところの尼である。中国では「に」と読みますが、日本では「じ」と読んでおります。尼山という山にお祈りを捧げてできた子供であるから、仲尼というのです。

孔子は紀元前五五一年に生まれて四七九年に亡くなった人です。だから天寿を全うして死んだといっていいでしょう。お釈迦さんは八十で亡くなった人でありますから、これも天寿を全うしたといえましょうね。キリストは三十幾つで亡くなりましたから、これはまだ生きのいいところで亡くなっている。

孔子という人はいろいろ苦労されましたけれども、その苦労を越えながら七十三歳で亡くなりました。そこに非常な値打ちがある。弟子が三千人もいたといわれておりますす。中国というところはすぐに大きい数をいいますから、三千人といってもちょっと割り引いて考えたほうがよろしい。要するに、たくさんの弟子がいたという意味で三千といっているんです。

そういうことでありまして、若い時分に入門した優れた門弟もたくさんおります。けれども、これらの人々は早く亡くなったり、あるいは成人して一家を成していたりしまして、孔子の晩年までずうっと続いた弟子は非常に少ないんです。

孔子という人は総理大臣の代行まで務めた人ですけれども、五十五歳のときに故郷を去って各地を十三年（あるいは十四年という人もあります）も巡ります。健全なる社会を復元したいという望みを持ちながら、いろいろな苦難の道をたどるんです。けれども、それが実現されないで六十八歳のときに故郷に帰ってくる。

それからはもうあまり政治方面の社会的活動というものはやらないで、後世のためにいろいろな書物の整理編纂《へんさん》をされました。とともに、この偉大なる孔子を慕ってくる若い弟子がありました。だいたい二十歳から三十歳までの間の弟子たちが孔子の教えを本当に素直に受けるのです。

純真なる青年というものは優れた老人というものを求めるものです。孔子という人はそういう面からして、ふっとお目にかかっただけでも非常な魅力を持った人であったのでしょう。あるいはその魅力からさらに進んで、尊敬される、おのずから頭の下がるような品格を備えておったものだろうと思います。だから若い人々からも慕われたんですね。

人生百歳時代の生き方

私は思うけれども、人生五十年というのはもう過去の話です。今はもう人間は百歳時代といいますか、百歳の人も珍しくなくなった。だから年をとるほど立派になって、その人が天寿を全うして息を引き取るときに最も優れた品格を備えた人でありたいし、あるべきだと思いますね。

その代表的なのがお釈迦さんだと思います。お釈迦さんが亡くなられたときに横たわっておる涅槃《ねはん》の像というのがありますが、人間はもとより、犬も猫も、草も木も、お傍《そば》にいてお釈迦さんの死を悼《いた》んでいるわけです。人間はこのような充実した生き方をしていかなくてはならないと思います。

しかし、我をすべて捨て去ってしまうということは、生きている間は不可能だろうと思います。全部欲を取ってしまうなんてことは、ないと言ってもいい。

孟子《もうし》という人は「心を養うは欲を少なくするよりほかはない」といっています。欲を少なくしろとはいっているけれども、なくせとはいっていません。

実際、お釈迦さんでも、生きていくためには食事をとったわけですからね。それで、御馳走《ごちそう》になって帰られる途中で腸カタルになって亡くなるんです。だから亡くなるまで食べていたんです。自分の生命を維持するためにね。キリストでもそうです。最後の晩餐《ばんさん》なんていって、やっぱり食べていた。

けれどもお釈迦さんは、もう最後のほうは欲といっても僅かに自分を養うくらいのところで、他の私欲はなくなっておったのでしょうね。だからお顔も立派だったと思います。

そして死んでしまったら、全部の欲がなくなった。そのときに本当の品格が表れたんでしょうね。だから周りにいたものは思わず手を合わさないわけにはいかなかったのでしょう。

これはお釈迦さんでなくても同じ。人間は皆、死んだら仏さんになるのだから、どんな人でも手を合せて拝んでいる。事実、死んだらたいがい、いい顔をしています。「あいつは悪い奴だったけども死に顔はよかった」というように、たいがい死に顔はいい顔になっているんですね。

まあ、孔子も七十三歳という天寿を全うして亡くなられた。その亡くなられる前に品格が出てきた。若い人ほど純真ですから、本物に対しては心から尊敬します。子供なんか特にそうだ。子供には言い訳はききませんよ。子供はよくそれを見極めますからね。

だからね、孔子の一言半句に至るまで若い青年の純真なる魂の中にカーっと入っていったと思います。年をとってから若い人に慕われるということは、その人が絶えず進歩しながら立派な品格になっていっている証拠ですね。

敬老の日が来たら若い人々から心底尊敬されるような、そういう対象になり得る老人でありたいと思うんですね。

昔お世話になったから、ご恩返しのために大事にしなければいかん。これは確かに大切なことでありますけれども、老人はこれに甘えてはならんと思います。年をとればとるほど自らを磨いていく努力をすることが大切。孔子はそれを現実的に示した人であると思いますね。

『大学』の成り立ち

その孔子の若い弟子の中に曾子《そうし》という人がいました。曾子は孔子よりも四十六歳若い弟子であります。孔子は七十三歳で亡くなったとき、曾子は二十七歳でありました。

私は先年、この曾子の生誕二千五百年祭に参列をいたしましたが、この曾子という人は非常に純真な人であって、孔子からはちょっとのろまであると評されました。けれども、のろまだけに純真で、そして孔子の教えを最も素直に後世に伝えた人であります。伝えると同時に、その教えを自ら実行した人でもあります。

孔子という人は自ら著書を出しておりません。これは世界の偉大なる人は皆そうですね。お釈迦さんもそうですし、キリストもそうです。ソクラテスもそうです。ソクラテスという人は優れた人ですけれども、プラトンという弟子を世に出して、そのプラトンがソクラテスのことを伝えたわけでありましょう。

私も書物を出したりしますけれども、だいたい立派な書物でも自ら書いたのはあまりよくない。多少衒《てら》うところがありますから、ちょっといいことをいって、皆さんに受けて、そして買ってもらわないといかんというような下心があってつくっている書物が多い。だから、本当にその人を知ろうと思ったら、その人の手紙とか、日記とかを読むほうがよろしい。そういうものの中に真実が残っておる場合が多いものです。

お釈迦さんもそうであります。亡くなってからずうっと後にお経というものができていくんです。キリストもそうでしょう。弟子たちがその言葉を記したものがバイブルになる。孔子の教えもそうであります。『論語』という書物も、孔子が亡くなられてから曾子とか有子《ゆうし》とかいう弟子の弟子たちが孔子やその高弟たちの言行を集めてつくったものです。

教えというものは、単なる理論だけでは本当のものではないと思う。教えられたものを実行して、「これは真実だ」と自ら確かめた人がその言葉を伝えた場合に永遠性を持っていくものだと思います。いくらいいことを述べたところで、それを実行しなければ永遠性はない。

そういう点で、この曾子という人は、孔子の教えを本当に素直に実行した人でした。そんな曾子が弟子たちとともにつくられた書物が『大学』であると言われています。

実際は孔子の教えが書かれている本ですけれども、孔子の教えを曾子が実行して、これは真実だと思い、孔子を代行してつくったといってもいいでしょう。

だから曾子の『大学』を読むことによって孔子の心を知ることができる。それは一番入りやすい孔子の入門の書でもあるし、また同時に結論の書であるといってもいいでしょう。そういう内容を持ったものです。

『大学』の解説書は昔から随分たくさんのものがありますから、皆さん、この機会に一つそういうものを通じてお読みになっていただきたいと思います。

素読のすすめ

それとともに、素読《そどく》というのをご自分でおやりになっていただきたい。一日に十五分も読めば『大学』の半分を読めますから、これを続けていただければ、一か月で十五回読めます。昔から「読書百遍、意自ずから通ず」といいますから、毎日十五分間を素読に費やし続けていただきたいと思いますね。

素読する場合には声を出すことです。黙読ではなくてね。

一時、音読よりも黙読がいいと教育の上でもいわれました。最近は逆に、音読、素読が非常に大切だといわれていますね。特に老人には声を出して読むと老化を防ぐともいわれるぐらいです。

『大学』を素読するというのは、今から二千五百年前の書物を自分の眼で見て、自分の声で読み、そして自分の耳で聴くことですね。感覚器官を動員するわけであります。それからもう一つ、皮膚というのも我々の感覚器官です。ずうっと読んでおったら、皮膚の穴から入っていくんです。耳だけじゃないんですよ。

かつて聾《ろう》学校の運動会に行ったことがありますが、運動場の中央で耳の聴こえない子供たちが実に見事に足並みを揃えて行進しておりました。驚きましたね。耳がよく聴こえる人でもあれだけ足は揃わん。それがきちっと揃う。

なぜかと思って見ると、その輪の中央に大きな太鼓があって、それを叩いているんです。それが皮膚に刺激を与えて、足を揃えているわけです。だから声は必ずしも耳からだけではない、皮膚からも入るということです。

如来さんと菩薩さん

人間は外から少しずつ少しずつ吸収して、それが内側から充実してきたときに滲み出てくるんですね。それはまず顔に表れましょう。それがだんだん体全体から発散するようになって、そして背中からも表れるようになる。こうなったら本物です。仏像を見ると後ろに光背というのがある。本当の仏像は何も持っていない。じいっと座っとるだけで、前からも後ろからもその周囲に影響を及ぼしている。これが如来さんですね。

その点、菩薩《ぼさつ》さんというのはテクニックを使っている。イヤリングをしてみたり、腕輪をしてみたり、何かを持って注目させて、そして仏の道を知らせる。これは菩薩さんです。

本当の仏さんは何も持たずにじっと座っている。その姿そのものが影響を与えている。内側から自然に発するところの光、これが出てきているのが本当の意味の如《にょ》来《らい》さんです。

人間でもそうです。肩書も何もなくなって、世の中からも去っていったかの如く見える人が、一度会うと生涯忘れられぬような印象を与える。そういう人は内側から光を発しているんです。長い間の蓄積というものが大切なんですね。素読でも、そういう蓄積が大切だと思います。

終戦後、といっても昭和三十年ぐらいに、私は大阪で青年に乞われまして『論語』の講義を始めました。若い人々が来ていましたが、あるときに女性がわんさわんさと来た。若い娘さんが『論語』をどうしてこんなに勉強に来るんだろうと不思議に思って聞いてみましたら、実は産経新聞に大きく一面全部を使って、女が美しくなるためのお化粧の広告が載っていたと。それでそのお化粧の広告の後ろのほうに、人間が美しくなるためにはお化粧も大切だけれども本当の美しさは内側から出るものだとあって、そのための手近な手段は古典を学ぶことだというので『論語』の広告が載っていたというわけです。ところが一回や二回来たところで、そう簡単にはきれいにならない。いつの間にやら女性の皆さんは姿を消してしまいました。

このとき、若い青年の男の中に非常に熱心なのがいました。頭のいい人でしたけれど、家の事情で中学しか出ていない。これが真剣に学んで、いつの間にやら孔子の夢を見るようになったといってきました。驚きましたな。私は小さい時分から『論語』を読んでいたけれど、未だかつて孔子の夢は見たことがない。

そのうちこの男がある会社に勤めました。そうしたらだんだんに認められて、中学校しか卒業していないのが人事係長になって、大学を卒業した人々を採用する立場になった。それで他の者が、「あいつ、中学しか出ていないのにえらい余裕のある仕事をしとる。一つ苦しめてやれ」と考えて課長代理にした。そうしたら、それまた悠々とやる。それでとうとう年若いのに課長になった。真剣に『論語』を学んだ成果というものでしょうな。

女性の方も、美しくなるためには内側から美しくなるというのが本物である。そのためには長く続けられることであると思いますね。

『大学』を教える

私が『大学』を始めから終わりまで講じたのが昭和四十四年であります。その年に成人教学研修所というのをつくりました。山の中の道のないところに自衛隊が来てつくってくれました。しかし、初めのうちは開店休業状態だった。そのときに申し込んできたのが、松下電器商学院（現・松下幸之助商学院）という学校です。

当時、松下には販売店が三万軒ありました。その販売店の後継者を養成する学校をつくろうというので昭和四十四年に計画をしたのが松下電器商学院です。学校をつくるときに一番大切なものは何かというと先生である。しかし、その先生になるのは各事業所から選抜した約三十名の人たちで、専門の学校の先生は一人もおりません。そこで、松下電器商学院の学院長になるという人が私のところへ「教員になる人たちの研修をお願いしたい」と依頼に来られたわけです。

私は言下《げんか》に断りました。「あなたの会社には経営の神さん、金儲けの神さんが鎮座ましましておられるでしょう。それに直接習い学ぶということが一番。私などはとうていその任ではありません」と言って断ったんです。

ところが何度も来られて「なんとかお願いできませんか」と言うのです。「それじゃ、一つ条件を出しましょう。私は松下さんの金儲けの手助けはできませんけれども、金儲けを止めることなら多少材料もある。それでよければお話ししましょう」と私が言うと、「それでけっこうです」と言うので、とうとう引き受けることになりました。

そのとき、研修に来る人たちは将来みんな先生になる人たちであって、人に影響を及ぼすところの人たちになるのだからというので最初に使ったテキストが『大学』でした。

そうしたところ、皆びっくりしたんです。参加者の九十％までは大学を卒業していた人たちですが、「私らは大学に行きながら『大学』を知らなかった。こんな身近なところで、こういう優れた思想学問があるのかと驚きました。そこでこれをぜひ全部教えてもらいたい」というわけです。

そんなところから約五十時間を費やしまして、『大学』を読み、書き、解釈をし、ディスカッションをしました。それが済んだら『孝経《こうきょう》』『論語』『中庸《ちゅうよう》』『孟子』『神道』等を五十日ぐらいかけて勉強いたしました。

『大学』にはそういう思い出もございます。これから、それぞれ満足できるような成果が上がりますように努めてまいりたいと存じますので、どうかよろしくお願いいたします。

第二講

大人の学

――『大学』三綱領の意味するもの

今回はいよいよ本論に入りますが、その前に前回のおさらいをしておきます。

我々が立派な人間、人間らしい人間になるための学問、いわゆる「人と成る学問」のことを成人学といいます。この成人学の中には人間学と時務学の両面がある。人と成るためにはこれを兼ね備えることが必要ですが、本末という点からすると、人間学が本になります。その人間学を追求する上において非常に手近な書物が『大学』であるというお話を申しあげました。

今日は、その『大学』の最初の三行についてお話申しあげたいと思います。もとより『大学』については数多くの書物が出ておりますので、読む分にはそれで十分だと思いますけれども、ここでは私の見解を申しあげたいと思います。独断におちいるかもわかりませんが、そこは忌憚《きたん》なくご批判を受け賜りたいと思います。

玄徳と明徳

『大学』の最初に次のように書かれています。

「大学《だいがく》の道《みち》は、明徳《めいとく》を明《あき》らかにするに在《あ》り。民《たみ》に親《した》しむに在《あ》り。至善《しぜん》に止《とど》まるに

在《あ》り」

ここの「民に親しむ」は「民を新たにする」と読んでいる方もおります。どちらでもいいのですが、私はそのまま「民に親しむ」と読んだほうが、ここの意味するところに近いのではないかと思います。

さて、これは「大学の三綱領」といわれるもので、いわゆる「大人の学」の眼目《がんもく》であるとされています。

初めの「明徳を明らかにする」の「徳」については前回も申しあげました。人間は生まれながらにして「徳性」というものを与えられている。そして社会生活を営んでいく上において、道徳が非常に大切であるということもお話しいたしました。「徳は得なり」といって、「徳」は損得の「得」と同じだといわれます。そういう徳を人間は誰でも生まれながらにして授けられている。そして、その徳には見える徳と見えない徳があるのです。人間も木も同じでありまして、木そのものを見ますと、幹や枝葉は見えますけれども、根というのは地中にあって直接に見ることはできません。けれども非常に大きな役割を持っております。

そういう見えない徳が、幹や枝や葉や花になっていきますと外に表れてくる。桜の木に春になると花が咲きます。皆さんも春、山に行ったら、あちらこちらに山桜がちらついて見えますね。「あそこに桜の花があるな」と行ってみなくてもわかります。あれは桜の徳が外に表れているのです。

根を見ていてもわからない。梅の木も桜の木も根は根ですけれども、花が咲いてみると梅であり、桜であるというのがわかる。だからあれは徳が外に表れているわけです。

この根の働き、つまり内にあって大きな働きをしておる徳のことを「玄徳」といいます。「玄」は「黒い」という字です。この下に人をつけると「玄人《くろうと》」になる。玄ではなくて素をつけると「素人《しろうと》」になりますね。

では、玄人と素人の違いはどこにあるのか。同じように目は二つ、耳も二つ、そして両手両足がある。外から見たらわからないのに、私たちは「あれは玄人だ、あいつはまだ素人だ」という。どこが違うのか。仕事をさせてみれば一目瞭然《いちもくりょうぜん》ですね。つまり、「こつ」を会得しているかどうかに違いがある。

見えないけれども、そこにあるものを得ておる。そういうのを「玄」というのです。これを説明してみろといってもなかなか説明できないけれども、確かに存在しておる。そういう見えないけれども大きな働きを持っている徳を「玄徳」というわけです。

それはやがて外にぽっと現れてくる。枝が出て、花が咲くと、一目でなんの木かがわかる。そして、それぞれにおいて実がなるわけでありましょう。そういう外に現れる徳のことを「明徳」というわけです。

ですから、徳には玄徳と明徳の両面があるわけですが、これは別個のものではありません。根っこは同じです。人間が成長していくためには木が成長するのと同じで、まず根を養わなければならん。そして、芽が出てきたらそれを大事に育てていく必要がある。

皆さんの中には菊をおつくりになっておられる方もあろうと思いますが、菊を育てようと思うと、まず土をつくらないといけません。そこに自分の思う苗を植えて、根を養う。葉が出てきたら、一枚の葉もわが子を育てるように大事にしていく。その間には虫がついたり、病気になったり、いろんな障害がありましょうけれども、大事に育てていくと、秋になって麗しい薫り高い菊の花が咲くわけです。

人間もそうでありまして、まず目に見えない玄徳をしっかり養うことです。玄徳を十分に養って、明徳を発揮させる。この明徳を発揮させることを「明らかにする」という。この点では、木を栽培するのも、人間を養育するのも、同じ原理です。

孔子の教えをひたすら実践した曾子

中国には大きな二つの流れがあります。一つは、この玄徳を養うほうに重点を置いた教え、つまり「老子《ろうし》の教え」です。もう一つは明徳を養うほうに重点を置いた教え、「孔子の教え」です。

この『大学』という書物は孔子の流れを汲《く》む書物であります。孔子のことは前回も触れましたが、孔子の「子」は「先生」という意味です。名を丘《きゅう》といい、字《あざな》を仲尼《ちゅうじ》という。紀元前五五一年に生まれて、前四七九年に七十三歳で亡くなった人です。

この孔子の教えを最も素直に受け継ぎ、これを実行した人が曾子《そうし》です。これは名前を「参」と書いて「しん」と読みます。字を子輿《しよ》といいます。孔子のように下に子がついたら先生という意味ですけれど、上に子がつくと、これは男子であることを表します。愛称のようなものですね。

日本では、女の人の名前に子がつきますね。あれは本来、敬称です。やんごとなき人の娘とかの名前に子がつきました。普通の人は子がつかない。ハナとかトラとか。呼び捨てはいけないから、おハナさん、おトラさんというようにしてありますけど、本来日本では女の人の名前に子がついたなら、それは敬称になる。同じ漢字を使っておっても中国と日本はこういうところが違うんですね。

曾子は孔子よりも四十六歳若い弟子であります。孔子は曾子のことを「参《さん》や魯《ろ》」といっておりますね。「曾子はちょっとのろまやなあ」と。あまり目から鼻に抜けるようなすばしこい人ではなかったようです。

同じ弟子の子貢《しこう》という人は大秀才でありまして、実に敏捷《びんしょう》で金儲けもうまかった。それに比べると、曾子は鈍かったけれど、それだけに非常に純真だったんですね。だから孔子の教えを真っ向から受けて、これを実行しようとしたのです。

あまり賢い人は一生懸命にはならないものです。やはりちょっと鈍いくらいのほうが一生懸命になる。しかも、そういう人のほうが霊感を持っている。あんまり賢い人には霊感がない。ちょっと聞いたらすぐわかる。本を読んでもすっとわかるから、深く考える必要がない。ところが、ちょっと鈍い人は聞いてもわからん。あれやこれやと時間をかけて考えていくうちに、悟っていくのですな。

中江藤樹や二宮尊徳を感奮させた『大学』

中江藤樹にしても二宮尊徳（金次郎）にしても、さほど学問がある人ではございません。もっと優れた学者がたくさんいたわけです。しかし、それらの人はあまり思想家とは言われない。日本の思想家といえば、第一に中江藤樹。二宮尊徳にしてもそうですが、正式に学問をしたことのない人が多い。そういう人が日本の聖人だと称えられる。

しかし、学問をしなかったわけじゃないんですよ。一生懸命に勉強をしている。けれども優れた先生にはついていない。だから、本一つを読んでも、わからないところがあれば二日でも三日でも追究していく。それで一つひとつ自分でわかっていく。

二宮尊徳は、戦前、薪《たきぎ》を背負って本を読む像が各学校にありました。実は、あの二宮金次郎が読んでいる本が『大学』です。ほとんど独学ですが、彼は『大学』の精神を自らの身をもって体現しています。

中江藤樹もそうです。正式に学問をした人ではありません。偉大な先生についたわけでもありません。けれども、自ら確かめながら一つひとつ進んでいった。すべてを我がこととしてとらえていた。

『大学』に「**天子《てんし》自《よ》り以《もっ》て庶人《しょじん》に至《いた》るまで、壹《いつ》に是《こ》れ皆《みな》身《み》を修《おさ》むるを以《もっ》て本《もと》と為《な》す**」とあります。「天子から一般の人に至るまで、おしなべて自分の身を修めることが根本である」という意味です。中江藤樹は十一歳のときに『大学』を読み始めましたけれど、この一文を読んだときに感動して、思わず手に持っていた箸《はし》を落としたという話があります。そのとき、立派な人物になろうと志したといわれています。

孔子は「吾れ十有《ゆう》五にして学に志す」といって、十五のときに聖賢の学に志しましたけれど、中江藤樹はそれよりも早い十一歳でこれを志したのです。それからいろいろ苦心をして四十一歳で亡くなる人であります。

私は中江藤樹が亡くなった日に講義を頼まれまして藤樹書院に行くことになりました。四十一歳で亡くなった藤樹先生の話を九十一歳になった私がする。しかし、この歳になっても「中江藤樹先生」と呼ばずにはおれんのです。

話を曾子に戻しますが、孔子より四十六歳若い弟子が、おそらく孔子が亡くなってから孔子の教えをそのまま写して書にしたと思われるのが、この『大学』です。特にその初めの部分は、孔子自身の言葉だと受け取っていいと思います。曾子という人を通じて孔子の心が出ておるのだと。そして、いろいろな書物の言葉を引いて述べている部分は、曾子が弟子たちと共に、孔子の教えに解説を加えておると考えていいと思います。

大地は母、太陽は父

その教えの中の一番根幹になるのは、明徳を明らかにすることです。しかし、明徳といってもちょっと抽象的ですね。

我々は直接的には父と母の働きによってこの世に生まれてきております。さらに遡《さかのぼ》れば、その先祖も含まれますし、さらに追求すれば、母は大地・地球に繋《つな》がり、そして父は太陽に繋がるのです。こじつけのように思う人もあるかもしれませんが、ちょっと考えればわかるはずです。

子供は父の精を受けて受胎《じゅたい》し、母の胎内《たいない》において育ちます。胎内で臍《へそ》の緒《お》を通じて養分や水分を吸収し、十月十日《とつきとうか》の月満ちて生まれ出てくる。生まれ出たら今度は母の乳房を通じて養分を吸収して成長する。乳房を離れたらどこから吸収するのかといえば、すべて大地からもたらされる恵みを通じてでありましょう。だから、大地は我らの母であり、地球は我らの母である。

ところが、大地は非常に重要なものではありますけれども、作物一つをとってみても、大地にある水分養分だけで成長するものではありません。いうまでもなく太陽の光や熱を受けて成長をしている。太陽は我らの父なのです。

このように、太陽と地球との調和によって万物は生成しているわけですから、人間には、大地・地球の徳と太陽の徳が生まれながらにして与えられているのです。玄徳は地球の徳といってもいいでしょう。明徳は太陽の徳といってもいいですね。

これから玄徳は一応置いて、明徳に焦点を絞ってお話を申しあげますが、その裏には常に玄徳があることを忘れてはなりません。

明徳を曇らせる我・私

太陽は恒星ですから、二十四時間休みなく照り続けておるものです。そして明徳とは、外にある太陽に対して、我らの内にある小太陽のようなものです。明徳もまた輝いているのです。

しかし我々地球人は、太陽を見ることのできないときがあります。それは太陽の反対側にいるとき、いわゆる夜です。あるいは日中でも、雲がかかり、霧がかかり、スモッグがかかったら、太陽は見ることができません。

それと同じように、人間の明徳にも雲がかかることがある。明徳にかかる雲とはなんぞやといえば、いろいろあるでしょう。これについて孔子の教えを集約いたしますと、まず人間には我《が》というものがある。この我が強くなると明徳が見えなくなる。だから、我というのは雲であり、霧である。

漢字は意味を表す表意文字ですが、「我」という漢字は「手」と「戈《ほこ》」を合わせた文字です。戈を手に「寄らば斬《き》るぞ」と自分を守っている姿が「我」です。その姿が自分の殻に閉じこもって自分を守っているように見えるところから、「あいつは頑固だ」ということになる。

この我が雲になるわけです。我をなくせばなくしただけ、明徳が明らかになる。それは雲が薄くなればなるほど太陽がはっきり見えてくるのと同じです。

それから「私」という雲がかかることもある。「私」という字はおもしろい。本字は「ム」です。物を自分のほうに持ってくるときは肱《ひじ》を曲げて引き寄せますね。人に与えずに自分のほうに引き込む、それが「ム」という字です。

自分のほうに引き込むもののうちで、我々が生活をする上において一番大切なものは何かというと、それは食べ物です。食べ物には主食と副食がありましょう。我々が主食とするのは五穀《ごこく》ですが、その五穀を表す文字がのぎ偏の「禾」です。そこに「ム」がついて「私」という字になる。

人間というものは、食べ物がたくさんあるときは仏様のような顔をしていますが、食べ物がなくなってごらんなさい。少しでも自分のものにしたい、自分のほうに引き込みたいという気持ちが起こってくる。

皆さんの中には、終戦前後の食料不足の時代を経験された方がいらっしゃいますでしょう。そのころはなんでも配給で決められていました。隣組というのがありまして、配給のときに隣組がよってわけたものを分配する。その分配するときにじっと見ていて、「さあ取りなさい」となったら、一個のたまねぎでも一個のじゃがいもでも、できるだけ大きなものを取ろうとする。お米でも一粒でも多く自分のほうへ、という気持ちになる。

このような我とか私が明徳を曇らせることになるのです。

「民に親しむ」とは何か

三綱領の二つ目、「民に親しむ」とはどういうことでしょうか。『大学』の中に次の一文があります。

「康誥《こうこう》に曰《い》わく、赤子《せきし》を保《やす》んずるが如《ごと》しと。心誠《こころまこと》に之《これ》を求《もと》めば、中《あた》らずと雖《いえど》も遠《とお》からず。未《いま》だ子《こ》を養《やしな》うを学《まな》びて后嫁《のちとつ》ぐ者《もの》有《あ》らざるなり」

「康誥に曰く」の「康誥」とは『書経《しょきょう》』の一篇につけられた名前です。今から三千百年くらい前に、中国に周《しゅう》という国ができました。その周の初代の王様を武王《ぶおう》といいます。この武王の弟に康叔《こうしゅく》という人がいました。この人が衛《えい》という国の地方長官、いわゆる殿様として派遣されるときに、周公旦《しゅうこうたん》（この人も武王の弟です）が与えた政治の心得を説いた文章、それが「誥」です。つまり、康叔に与えた誥という意味で「康誥」と名付けられているのです。

我々父親というものは、娘を嫁がせるときに、もうちょっと引き止めておきたいという感じになるものです。私も二人の娘を嫁がせたけれど、なんか不安がある。おそらく康叔はまだ若く、しかも経験が乏しかったのでしょう。派遣される当人にとったら、ずいぶん不安があったものと思います。そこで、この一文を与えて不安を和らげようとしたわけです。

「政治というものは赤ん坊を育てるようなものだ。一心になってこれを求めたならば、まあ、真ん中に当たらなくても、ピントを大きく外すことはないだろう。子供を養うことを十分に経験し尽くしてからお嫁に行く者はいないのだから」と。

事実そうでしょう。子育ての経験がなくとも、子供が生まれたら途端に親心というものが芽生えて、子供に対して心から尽くしていきます。だから、一生懸命にやれば「中らずと雖も遠からず」で、間違いなしに子供を育てていくことができる、といっているわけです。

だから父親も「未だ子を養うを学びて后に、嫁ぐ者は有らざるなり」と思って、娘は早いこと嫁がすほうがよろしいということですな。

この「親」という字を日本語では「したしむ」と読むでしょう。これは「浸す」から来たものです。「布を水に浸す。それで一体になる」という意味です。

そこで、殿様になれば自分が直接使っている家来（臣）だけではなくて、一般の民（役に就《つ》かない人のこと）に対しても親しみ、つまり一体感を感じなくてはいけない。

そして、明徳が明らかになると、世の上に立つ人であれば、直接関係のない人であっても、おのずから一体感を感ずるようになるというのです。そういう直接に関係のないところまで一体感を感じて処置をしていくのが「親しむ」。だから、「明徳を明らかにし、民に親しむ」とは別個のものではなく、一つのものであります。

いろいろな「大人」がある

いまお話しした親心を持てる人のことを「大人《たいじん》」と言いますが、大人にはいろいろの種類があります。

昔は「家大人《かたいじん》」と言えば父親のことを言いました。かつては夫婦共稼ぎではありませんでした。父親の働きによって、乏しいながらも家族みんなが生活を送っていました。そして父はスネをかじられながらでも、我が子のため、我が家族のために惜しげもなく稼いだ汗の結晶を投げ出したのです。こういうのを「家大人」と言います。

会社と我とが一体であると感じる人は「会社大人」です。中には、会社と我とは給料で結ばれているのだから、給料が貰えなければ意味はない。金の切れ目は縁の切れ目――と思っている人があります。そういう人は会社が悪くなるといち早く逃げ出してしまう。しかし、会社と自分は運命共同体だ、一体だと感じる人は、悪くなったときにこそ、どうすればいいかと考える。人間はいいときは放っておいてもいいんです。大切なのは、悪くなったときにどういう心構えで貫いていくか。そこに仏教でいう慈悲、つまり慈愛という愛情と悲哀という愛情が芽生えてくるのです。

私の友人の会社がいろんな問題で閉じようとしたとき、社員に止められたという話を聞きました。「我々は給料を貰わなくてもかまわない、生活はアルバイトしてもなんとかやっていきますから会社を閉じないでください」と言われたそうです。それで一丸となって頑張って、その会社は今、隆々としています。これなどはまさに「会社大人」のものの考え方でしょう。

現代のようにリストラといえば真っ先に人員整理をするという考え方は、こうした視点から見るとまったく外れておると言ってもいい。

地位は低くても、会社と一体であると感じる人がその会社の大人「会社大人」なのです。いくら地位が高くても、自分の出世のためとか、自分の単なる生活のためとかいうことだけで生きている人は小人にすぎない。

次に、国と我とが一体だと感じる人は国の大人、「国大人」です。こういう人は国が悪くなればなるほど、この国をどうしたら立派な国にできるか、どうすれば復興させることができるかと真剣に考えて、それに取り組む。時には命を捨ててでも自分の国を守ろうとする。そういう人は「国大人」です。これも地位は関係ありません。

同じように、世界と我とが一体だと感じる人は「世界大人」でしょう。孔子や釈迦やキリストというのは、民族や国境や時代を越えて、天のため、国のためにご苦心をなさった。だから「世界大人」です。

このように、大人にも場合に応じていろいろなものがあるわけです。

絶対の世界にある至善

三綱領の三つ目は「**至善《しぜん》に止《とど》まる**」。「至善」というのは、我々が普通に使っている「善」とは次元を異にするものです。我々はよく「あれはいい、あれは悪い」とか「善に対するものは悪だ」といったりしますが、自分が使っている「善悪」というものをいっぺん整理してみるといいでしょう。何を基準に善だの悪だといっているのか、と。

案外、自分というものを中心に善悪を考えていることが多いものです。自分に都合の良いこと、好ましいことを善といい、自分に都合の悪いこと、嫌なこと、嫌いなこと、あるいは憎らしいこと、こういうものを「悪」に分類しているわけです。

だから、この「善」とか「悪」とかいうものは相手によって変わるのです。「あの人はいい人だ」と思っていたところが、一度でも不親切にされたりすると、「あいつの顔を見るのも嫌だ」となる。何かの拍子で善と悪が入れ替わっていくわけです。

我々はこのような善悪の世界で動いていることが多い。それがだんだん「自分の家に都合がいいのが善で、都合の悪いのが悪だ」「自分の会社に都合のいいのが善で、都合の悪いのが悪だ」「自分の国に都合のいいのが善で、都合の悪いのが悪だ」と広がっていく。自分の利益によって左右されているわけです。国の場合は「国益」といいますけれど、その利害関係が対立して、しまいには戦争になる。

平和なときに一人を殺せば大悪人ですけれど、戦争になったら相手をたくさん殺した人ほど功労者になるんです。我々は広島や長崎に原子爆弾を落したことを「けしからん」と思うけれども、アメリカに行けば、あの飛行士は英雄になる。その国によって、同じ一つのことが善になったり悪になったりしている。これは「相対の世界」の善悪の見方です。

この「至善」というのは相対を越えたものなんです。天には天のルールがあって、これを「天道」という。地には地のルールがあって、これを「理」といいます。これを合わせて「天道地理」、すなわち「道理」というのです。

また、人には人のルールがあって、これを「義」といいます。ですから、道理を人間の立場でいうと「道義」という言葉になるわけです。

この人間の「義」は個々の「利」を越えたものです。つまり相対の世界を越えたものであって、相手によって変わらないものです。アメリカでも中国でも日本でも変わらないし、三千年の昔も今日も変わらない「絶対」なるものなのです。

そうした不変のルールに沿っているものが「至善」です。絶対とは「一」の世界であり、相対は「二」の世界ですから、「至善」は一なる世界のものであるということになります。

そこで「善に至って止まる」とは「一に至って止まる」と同じ意味になり、「正」という字につながるわけです。だから「正しい」とは、道理や道義にかなっていることをいいます。この基準で善悪を判断すると、自分には都合がいいけれども正しくない、という場合もあるし、自分には都合が悪いけれども正しい、という場合も出てくることになります。

道徳と経済は一致する

この「正」に対するものが「邪」であります。我々は「正邪・善悪」という言葉をよく使いますけれども、厳密にいえば、まず「これは道理・道義にかなっているかどうか、正しいかどうか」を考え、次に「これは自分に都合がいいのか悪いのか」を考えて行動する。そういう人を大人といいます。

そう考えれば、自分には都合が悪くても、道理に照らしてあえてやる場合もあるし、自分には都合がよくても、道理にかなわないというのでやらない、という場合もあるわけです。「道理を考えておったら儲けにならん」といって、これを無視する人があるけれども、それは大人の態度ではない。

渋沢栄一という方は、「論語とソロバン」すなわち道徳と経済とは一致するものだといって、それをモットーとした人です。確かにそうなんです。

株式会社は営利を目的としていますから、やはり「これは儲かる!」とピンとくる人でなければ会社の経営はできません。ところが、そのときに同時に「これは道理にかなっているかどうか」と考えることが大事です。利と義は一つの物の両面、裏と表の関係にあるものなのです。

渋沢先生は、実業家として立っておられたときは「利」を表にしていましたけれど、その裏面に「義」「道徳」を持っておられました。だから、晩年になって次第に実業から離れるようになると、社会事業に非常に熱心になったわけです。

社会事業というものは、利よりも義を先にするものです。株式会社は営利を目的とした法人であるけれども、財団法人や学校法人や宗教法人といった公益法人は義を先に考えるものです。

そういうわけで、晩年の渋沢先生は表に「義」を掲げながらも、経済的な裏付けがなければ運営はできないというので裏に「利」を持って、あちこちに寄付を募って歩かれたのです。

物というものは平面的ではない。表があれば必ず裏があるし、側面もある。そういうことであります。

天から直接学んでいた松下幸之助

松下幸之助さんという方は、私も五十年くらい親しくさせていただきました。昭和二十一年からご縁があって、立場は違いましたが晩年にいたるまで共に食事をしたり、語りあいました。松下政経塾をつくるときも相談に与《あずか》りました。松下さんの起こした松下電器には記念日が二つあります。その一つは創立記念日です。大正七年に四畳半を改造して工場にしてソケットをつくり始めた。そのときを創立記念日としたんです。

松下さんの家はもともと非常にいい家でしたけれど、お父さんが米相場に手を出されて失敗し、家が破産状態になって貧しさのドン底に落ちてしまった。それで小学校四年で中退して、大阪の火鉢屋に丁稚奉公《でっちぼうこう》に出られた。それからいろいろなところを点々としながら、しまいには電気工事の会社に勤めた。そこで二股ソケットをつくるヒントを得て、退社して工場を開いたのです。四百四病《しひゃくしびょう》のうちで貧ほどつらいものはないといいますが、それほどの貧乏を経験し、恥ずかしい思いもずいぶんされたと思う。

だから、最初は「これで家を再興していこう」と、利を目的として事業を起こされた。ところが事業がだんだん発展してくると、彼はハタと悩み出した。「事業というものは果たして自分の利益のみによって動くべきものか。もっと別の世界があるのではないか」と。

ところが彼は小学校しか出ていません。しかも大阪へ出てきたので、相談をする人も、教えを受ける人もいなかった。天理教にも行ったそうですが、なかなか自分を満足させるような答えが見つからなかった。

懊悩《おうのう》の末にハッと閃《ひらめ》いたのが、昭和七年五月五日であった。だから、この日をもって創業記念日という二つ目の記念日にしたわけです。

松下さんがそのときに何が閃いたかといえば、事業は単なる自分の利によって行うべきものではなくて、社会公共のために大いになすべきである、事業使命というものがあることを感じた。

そこで利から義へと転換したのです。松下電器には「七つの精神」というのがありますが、それがここから生れてくるわけです。この「七つの精神」は世界のどこに持っていってもも通用するところの精神です。一言でいえば、松下さんは「至善に止まる」という意味を自分で納得されたわけです。

松下さんは私が関係していた会にもたびたびおいでになって話もしてくれました。あるときの講演の内容がまるで『大学』を講義しているように感じられたので、私は講演のあとで聞きました。

「あなたはどこで『大学』をお読みになりました?」

すると、松下さんはお答えになった。

「いやいや、私は小学校四年しか出ていないので、そんな難しい本は読んだことがない」

そのときに私は、「あっ、この人は天から直接に聞いておるんだな。天と交流しておる人だな」と思いました。そして、上級学校にも行かずにそこまで到達した彼に、心から敬意を表するようになりました。

渋沢栄一先生は孔子の教えを会社運営に大いに生かしました。松下幸之助さんの会社もまたそうである。したがって『大学』は今も人間界に生きているわけです。

これは決して忘れてはならないことだと思います。

第三講

知行合一

——自己を正すための八条目

『論語』の中に、物を習得していく上での段階を述べている言葉があります。「之を知るものは之を好むものに如かず。之を好むものは之を楽しむものに如かず」さらには「之を楽しむものは之に游ぶものに如かず」と。最後の句は別の箇所に出てくる言葉ですが、「知るということは好んでやるものには及ばない。好んでやるものは楽しんでするものには及ばない。楽しんでやるということは遊ぶということにはまだ及ばない」というんですね。

これについて面白い話があります。

松下電器に入社したある社員が、重役から「知・好・楽」という色紙をもらった。彼はこれが正確に読めなかったので、高等学校の恩師のところへ聞きに行ったそうです。ところが、この恩師は地学の先生だったから、はっきりと答えられなかった。しかし生徒の手前、何も答えられんのもまずかろうと、「楽《がく》を好むことを知る」と読んだ。仕事というのは大変なものだから、音楽を好んでやるぐらいの余裕を持たなければいかんぞ、という意味にとったわけです。

そう返事をしたものの、先生はどうも自信がない。それで私のところへ正月の二日に突然訪ねてきたわけでした。そうして「これはどういう意味でしょう？　どうも自信がないので、正月もおちおち過ごせませんでした」というんです。真面目な先生ですな。

私も松下の重役が何を思って書いたのかわかるはずはないけれども、じっと見ていたら『論語』の「之を知るものは之を好むものに如かず。之を好むものは之を楽しむものに如かず」を思い出した。これを仕事にあてはめれば、「知るということは大切だけれども、それを好んでやるのには及ばない。好んでやるのはいいけれど、楽しんで仕事をするのには及ばない。だから、早く楽しんで仕事ができるように心がけることが大切だぞ」というふうにも解釈できるでしょう。

そう話すと、この先生は「恐らくそうでしょう」といって、えらく喜んでいそいそと山を下りて行きました。その後ろ姿が今でも思い浮かびます。

そうしたら、その「知・好・楽」が松下の月報に載っていました。それを書いていたのは山下俊彦という、のちに松下の社長になる人でした。この人は二十四段飛びで、平の重役から専務も副社長も経ずに社長にまでなった人です。本人もビックリしたという話でしたが、松下幸之助さんが見込んだのでしょうね。

恐らくこの人は、仕事にあたって楽しんでやるような心境になっていたのでしょう。大阪の泉尾という工業学校を卒業しただけで、大松下の社長になった。「知・好・楽」の精神を体現されたのであろうと思います。

仁とは「二人の間に通ずる心」

さて、前回は「大学の三綱領」についてお話をいたしました。その三綱領とは

「明徳《めいとく》を明《あき》らかにし、
民《たみ》に親《した》しみ、
至善《しぜん》に止《とど》まる」

ということでした。そして、その一番の本になるのが「明徳を明らかにする」ということでありました。

明徳というものは本来、誰でもが生まれながらにして与えられている宇宙根元の徳です。しかし、太陽と同じように雲がかかり、霧がかかり、スモッグがかかったら、暗んでいく。そして太陽が見えなくなることもあるように、この明徳もまた人間の我とか、私する心とか、誤った欲というようなものによって暗んでくる。しか

し、これを払いのければ、そこに明徳が現れてくるわけです。

その明徳が明らかになった状態はどういうものかというと、今まで別個だと思っていたものの間に通ずる心が生じてくる。この通ずる心のことを一体感といいます。その一体感のことを孔子は「仁」といったんです。「仁」は字を見ても人偏に「二」と書いてあるように、「二人の間に通ずる心」という意味になるわけです。

また、明徳が明らかになるということは、物事を正しく判断し、行動していくことである。これを「至善に止まる」というわけです。「至善に止まる」ということを文字で書けば「正」になるということもお話いたしました。

そこで、この「仁」の心を持つ最も身近なものといえば親である。子供が生まれた途端に、おのずから親心というものが生じてくる。この親心は天の心であり、神の心であり、仏の心であって、これが子供を育てていく大きな根本的な働きになっておるのです。そして、そのような親心を持てる人のことを「大人」というのです。

すでにお話ししたように、この大人にはいろいろの段階があります。家の大人、これは「家大人」という。会社の大人は「会社大人」。国の大人は「国大人」。日本においては、国民と一体感を持ってこれに接しようとする本になられる方が天皇である。だから天皇家では皇室に男の子が生まれたら必ず「仁」の一文字が付けられるのです。生まれながらにして国民と一体になることを理想としておられるわけですね。

八十代まで至った孔子の子孫

この「仁」というものは、孔子の思想を一貫する精神です。『論語』に「一以て之を貫く」（里仁）とありますが、この「一」とは「仁」のことであります。「仁を以て之を貫く」ということですね。

孔子は、今から二千五百年も前の紀元前五五一年に生まれた人でありますが、その子孫は連綿《れんめん》として今日に伝わっております。大陸には何百万かの孔子の子孫がおられます。孔子の出身地の曲阜《きょくふ》という町の人口は六十万ですけれども、そのうちの十二万人以上が孔姓を名乗っています。五人に一人が孔子の姓を名乗っているわけです。

けれども、いろいろ国内事情がありまして、孔子の子孫はずいぶん迫害されました。特に今から三十年前の中国は文化大革命の時代で、孔子の子孫は非常に迫害を受けました。秦《しん》の始皇帝《しこうてい》以来の迫害を受けたといってよろしいでしょう。それが今は一変して、その教えが大陸のほうにも興ろうとしておる。中国政府は記憶力の旺盛な十三歳までに『論語』などを学校において暗唱させるという教育政策がとられているそうです。

大陸で孔子の子孫が迫害を受けているというので、蒋介石《しょうかいせき》が台湾に移るときに、孔子の直系の子孫を台湾に迎えました。それが七十七代の孔徳成《こうとくせい》さんという方です。この方は台湾では特別の礼遇を受け、台湾大学の教授や考試院院長もされました。

この孔徳成さんのご長男が七十八代となるわけですが、その方は今から十八年ほど前に急死されました。私は葬式に参列をいたしましたが、そのときに、その亡くなった長男の孔維益《こういえき》という方に女の子と男の子がありました。その小さかった男の子がだんだん成長しまして七十九代となりました。孔垂長《こうすいちょう》さんといいます。

去年の九月二十八日に、釋奠《せきてん》という孔子の生誕を祝う祭典にあわせて台湾に参りました。毎年参列しておりますが、珍しく孔徳成先生が急病だというので懇親会にお出になりませんでした。そのときに名代として七十九代の孔垂長さんを寄こしてくださいました。垂長さんはその年に結婚をして、夫婦揃っておいでになりました。いろいろ話をしましたら、来年の一月にお子さんが生まれる予定になっておるということでありました。それで本年になって、その知らせを今や遅しと待っていたところ、一月中頃を過ぎてから男の子が一月一日に生まれたということでした。

孔子の家も日本の天皇家と同じように男系の子孫が継承することになっています。ただし分家がありまして、もし本家に嫡男が生まれなかった場合には分家から入って継ぐということになっています。しかし、今までは直系の子孫が七十九代続いて、今度八十代が生まれたということです。

そのお子の名前を付けるのにずいぶん考えたそうですが、結局、孔佑仁と「仁」の一字を付けられた。「佑」という字は「助ける」という意味ですから、仁を助けるということですね。

孔徳成先生は、私よりも四つ年下ですけれども、長男を失っているだけに曾孫に対する愛情が非常に大きかったのでしょう。大変喜んでおられるようです。

絶対の世界を知る

さて今日は、「**止《とど》まるを知《し》りて后定《のちさだ》まる有《あ》り。定《さだ》まりて后能《のちよ》く静《しず》かなり。静《しず》かにして后能《のちよ》く安《やす》し。安《やす》くして后能《のちよ》く慮《おもんばか》る。慮《おもんばか》りて后能《のちよ》く得《う》**」という箇所からお話をしてまいります。

まず「止まるを知る」というのは、どこに止まるかというと、先にもありました「至善《しぜん》に止まる」ということですね。その至善に止まるということを知る。ということは、何が正しいかということがはっきりわかるということです。

前にもお話ししましたね。正しいということと、善ということは必ずしもイコールでは結ばれないものです。我々が普通にいっている善というものは、悪に対することが多いわけですが、我々が善悪というものを決めるその基準は、だいたい自分を中心にしています。自分に都合がいいのは善で、都合の悪いのが悪だと。だから、都合が良くなったら悪といっていたものでも善になるし、都合が悪くなったら善といっていたものでも悪になる。相手と時によって変化していくわけです。

そういう関係を相対的な関係といいます。相対的な関係は「二」である。ところが、至善に止まるというのは「一」であって「絶対」である。したがって、正しいということは、道理・道義にかなっているかどうかということで決定される。それ以外の基準はないのです。

天には天のルールがある。これを「道」という。地には地のルールがある。これを「理」という。人には人のルールがある。これを「義」という。これを踏み外したら人間失格というものが「義」ですから、正しいことは義にかなっておるわけです。その義にかなわないものを邪という。だから、この「義」というものも「一」である。「絶対」であるということになります。

そういうわけで、道理・道義というものは、時代を越え、国境を越え、民族を越えて変わらないものである。こういう変わらない世界というものがあるわけですね。そこで「**止《とど》まるを知《し》りて后定《のちさだ》まる有《あ》り**」ということは、至善に止まっていくと、ふらふらしないということであります。どっちにしようかという迷いもなくなる。おのずから定まってくるのです。

続いて「**定《さだ》まりて后能《のちよ》く静《しず》かなり**」。がさがさしているのはまだ定まるところがないからです。人間、落ち着くところがあれば、形の上においても物静かになるのです。そして「**静《しず》かにして后《のち》能《よ》く安《やす》し**」。静かになると心もおのずから安らかになる。「**安《やす》くして后《のち》能《よ》く慮《おもんばか》る**」心が安らかになるというと、物事を正しく判断することができる。「**慮《おもんばか》りて后《のち》能《よ》く得《う》**」よく物事を判断することができれば、その実態を正しく捉えることができる。あるいは、正しく行動することができるということです。

「知る」と「行う」は一つ

止まるから定まり、定まるから静かになり、静かになるから安らかになり、安らかになるから慮ることができ、慮るから正しく得ることができる。この文章は段階的に解かざるを得ませんけれども、実はこれは一つのものなのです。つまり、正しいとわかったならば、正しく物事を判断し、正しく体得することができるということになります。その一つのことだけをいっているわけです。

ところが、これを文章のまま解釈する人もあります。すなわち、「知って後に行う」というように、二つに分けて解釈するわけです。これは「先知後行《せんちこうこう》」先に知って後に行うということですが、本当はそうではない。「知る」ことは「行う」ことと一つなんです。

これを「知行合一《ちこうごういつ》」といいます。中国の王陽明が唱えた考え方です。知るということは行いの始めであり、行いは知るということが成ったものであって、実はこれは一つである。だから、行わなければ本当に知ったとはいえないのだ、と王陽明はいっております。

一方、「先知後行」を唱えたのは朱子《しゅし》という人です。この人は学者ですから、何はともあれ、先に知ることが大事で、知ってから行うという考え方をとった。多少そこに王陽明とのニュアンスの違いがありますけれども、決して行いを無視したわけではありません。

この実践を重んずるということが、社会生活を営んでいく上においては非常に大切なことであります。

物の本末、事の終始

次に「**物《もの》に本末《ほんまつ》有《あ》り。事《こと》に終始《しゅうし》有《あ》り。先後《せんご》する所《ところ》を知《し》れば、則《すなわ》ち道《みち》に近《ちか》し**」とあります。

物には必ず本と末がある。木でいえば、根が本で、枝や葉は末である。同じ一本の木でも本末がある。我々人間にも本末がある。徳性というものが本で、知能・技能というものは末になるのです。

だから人間をつくる上において何がまず大切かというと、徳性を涵養《かんよう》するということです。知能・技能を育てることも大切ではあるけれども、それは人間の発達からいうと末になるものだ。これは最初にお話しした通りです。

また、社会生活を営んでいく上においては道徳・習慣というものが本になる。知識・技術を修得することも非常に大切ではあるけれども、人間そのものにとっては末になるものである。その本末をよくわきまえることが大切です。

そして、事には終始がある。たとえば時間というものは無始無終でありますどこから始まって、どこに終わるかはわからない。しかし、この時間にもやっぱり始めと終わりがあるんです。これは抽象的にものを考えるとわからなくなるけれども、具体的に考えればすぐわかることです。「この一瞬」をとってみたら、ここが終わりで、それは同時に始めとなるんです。これは同時的なもので、終わりから始まるわけです。

人間というものは一瞬一瞬が終わりです。「明日ありと思う心のあだ桜　夜半に嵐の吹かぬものかは」と親鸞聖人《しんらんしょうにん》はいわれましたが、本当に人間はわからない。昨夜まで元気だったものが、今朝交通事故に遭って死んでしまったというようなこともあるでしょう。

私は三十何年、山の中で仙人のような生活をしておりましたから、下におりて来ることは少なかったんですけれど、最近下におりてくると、あれだけたくさんの自動車が走っていて、よくぶつからずに済んだものだと思います。そう思えば、まさに一瞬一瞬が終わりであると実感しますね。

終わり、そしてまた始まりという状態をずーっと続けて、私も九十になったわけです。その間、病気もずいぶんしました。長い入院生活も経験しました。「明日の朝は生きとるかな?」と不安に思いながら寝たこともあるし、なかなか眠れないので睡眠薬を飲んで寝たこともある。

軍隊に行っていたときにも、こんなことがありました。あるとき連隊から転属命令が出た。私はそこに行きたくないと思ったけれど、命令だからと従いました。そうしたら、そのあと以前にいた部隊が敵機の襲来を受けて全滅してしまった。その部隊に残っておったら私も今ここにおりません。自分の意志ではなかったけれど、行きたくないところへ転属していたから助かった。こういうこともあります。

だから人生というものは、良き終わりを持つことが良き始まりに繋がるものだと思いますね。それは何も難しいことはない。一瞬一瞬充実した生活をすればいい。これより他にはありません。

「当下一念」——今の一念を続ける

この間、中江藤樹先生の勉強会に講師として呼ばれていきました。講義のあと記念館に案内されたところ、そこに安岡正篤《まさひろ》先生の書がかかっておりました。中江藤樹生誕三百五十年の年に安岡先生が藤樹書院に詣でたときに、揮毫《きごう》を頼まれて書いたものです。そのとき私も同行しておりました。そこで安岡先生は「当下一念」という中江藤樹の言葉を書かれた。「当下」というのは今ということ。現下といってもいいでしょう。今の一念を続けることだ、という意味の言葉です。

今の一念というのが一番純粋なのは、正月元日の朝です。あのときは、みんな仏さんやら神さんのような気持ちになっています。だから自ら進んで初詣にもいく。ところが、二月、三月になるとだんだん純粋な一念に濁りが出てくる。七、八月になるとだいぶへたってきて、十一月、十二月になると「こんなはずではなかった」と後悔が始まる。そう思っているうちにまた正月がやって来るから、「よし、今年はやるぞ」と新たに決意し直すけれども、またあかん。これを一生繰り返しておるのが人間です。

しかし、まだ「やり直すぞ」という決意をする時期があることは救いです。それがなくて、ずるずるといったらどこまで落ち込むやら。

あの元旦の清純な心を十日、一年、五年、十年と続ける。中江藤樹という人は、それを実行しようとした人でありましょう。

十一歳のときに立派な人物となろうと志を立てた。この点からいうと、孔子さんよりも中江藤樹のほうが早いんですね。それからいろんなことがありましたが、たゆまぬ努力を続けました。わずか四十一歳で亡くなりましたけれども、日本で学者にして聖人と呼ばれる人は中江藤樹を以って始めとするといわれるほどの人物になりました。

そういうことで、我々の生涯にも始めと終わりはずっとあるわけです。その始まりをよきものとしようとするならば、よき終わりを持とうと常に努力していくことが大切です。

「先後《せんご》する所《ところ》を知《し》れば、則《すなわ》ち道《みち》に近《ちか》し」、ここで孔子のいう「道」というのは「人の道」という意味です。すなわち、いろいろやることがある中で、何を先にし、何を後にするか自ら判断をして順序をつけて、それを実行する。そうすれば人の道から離れることはない、あるいは人の道を踏み外すことはないということになります。

明徳を天下に明らかにする

孔子は古に理想の社会を追い求めております。しかし、「**古《いにしえ》の明徳《めいとく》を天下《てんか》に明《あき》らかにせんと欲《ほっ》する者《もの》は、先《ま》ず其《そ》の国《くに》を治《おさ》む**」というように、昔の明徳を自分だけが明らかにするのではなくて、天下に明らかにする。それによって平安をきたすものだとし、それを望む者はまず自分の所属する国をしっかり治めなくてはならないといっています。

そして「**其《そ》の国《くに》を治《おさ》めんと欲《ほっ》する者《もの》は、先《ま》ず其《そ》の家《いえ》を斉《ととの》う**」で、自分の国を治めようと思う者は、まず自らの家を斉えなくてはならないというのです。

この「家」の解釈にはいろいろあります。一般の家ではなくて、国を治める立場にある大臣の家と解釈しているものもあります。そのほうがここでは適当ではないかと私も思います。

昔の大臣の家というのは、親族一同が一軒の家で生活をする複合家族でした。両親、祖父母、あるいは孫や曾孫《ひまご》などが一緒に生活をしていました。それから、一夫多妻のようなところもありましたから、異母兄弟も一つ屋根の下にいましたし、昔でいうところの下男とか下女、召使のような者も一緒に生活をしていました。一軒の家に何十人も住んでいるような場合もありますから、これを何も揉《も》め事なく斉えるのは容易なことではなかったと思います。「先ず其の家を斉う」とは、その難しさをいっているわけでしょう。

現代は核家族になりましたから、家を斉えるのは簡単なように見えますが、さにあらず。誤った個人意識が家庭の中に入ったために、四、五人しかいない家庭でも斉えることが難しくなっています。親子で面と向かって話ができないというケースがずいぶんあるようで、私も「子供が大きくなって親子の対話がなくなった」という悩みを聞かされることがよくあります。

わずか数人だけれども、なかなか家の中を一つにまとめることは難しいんです。何十人もいたらなおさらでしょう。

堯が舜を後継者とした理由

中国にこういう逸話があります。堯《ぎょう》という天子が立派な人物に国を譲ろうとしてあれこれ探した。すると舜《しゅん》という非常に孝行でしっかりした者がいるというのがわかった。堯はこの舜に国を任そうとするのですが、その前にその人柄を見ようと、自分の娘二人を同時に嫁にやるんです。

何も女性だけが嫉妬《しっと》するわけではありませんが、嫉妬の「嫉」という字は女偏に疾《はやい》と書きます。「妬」は女偏に石を書いてある。愛するが故に石を持って打つわけです。というわけで、女に嫉妬をさせないことは容易ではない。

ところが舜に嫁いだ二人の姉妹は、三年も経っても少しの嫉妬をすることもなく、家はよく治まった。それを見た堯は、二人の女性を平等に愛することができるような男ならば天下の人を平等に愛することができるだろうといって、舜に国を譲ることを決めるんです。実際、舜は名君として知られるようになりますから、堯の見立ては正しかったわけです。

しかし、家をまとめていくというのはなかなか容易なことではありません。ゆえに、国を治めようと思ったらまず自分の家を斉えることだといっているわけでしょうね。

心の内は感情となって外に現れる

次は「**其《そ》の家《いえ》を斉《ととの》えんと欲《ほっ》する者《もの》は、先《ま》ず其《そ》の身《み》を修《おさ》む**」。「其の」というのは「自分の」ということですね。家を斉えようと思うのなら、まず自分を修めていくことだ。

さらに「**其《そ》の身《み》を修《おさ》めんと欲《ほっ》する者《もの》は、先《ま》ず其《そ》の心《こころ》を正《ただ》しうす**」。この「身」ですが、我々が「身体」というのと「肉体」というのでは違いますね。肉体は物質的なものですけれども、身体は心を内に秘めた肉体です。ですから、ここは「自分の身を修めようと思うものは、先ず内なる心を正しくすることだ」といっているのです。

そして、「**其《そ》の心《こころ》を正《ただ》しうせんと欲《ほっ》する者《もの》は、先《ま》ず其《その》の 意《こころばせ》 を誠《まこと》にす**」と続きます。

心というものは捉えることができませんが、それは喜怒哀楽という感情として外に表れてくるものだ。そうした外に表れる喜怒哀楽といった感情を正常にする、つまり、喜ぶべきことを喜び、怒るべきときに怒り、悲しむべきことを悲しみ、楽しむべきときに楽しむということが大切である。それは心を誠にした証、心が正常であるということですね。

感情は一瞬一瞬違っていくのが当たり前であります。怒りを三日も四日も溜めておくのは正常ではない。しかし、怒るべきときに怒らないとか、楽しむべきものを楽しまないとかいうことは、これもまた正常ではないわけです。

知を極めるために自分を正す

「其《その》の意《こころばせ》を誠《まこと》にせんと欲《ほっ》する者《もの》は、先《ま》ず其《その》の知《ち》を致《いた》す」。「其の知」というのは自分の知でありますが、これは知識の「知」というよりも、知恵の「知」です。それを「致す」ということは、「極める」ということであります。我々が生まれながらに与えられている「知」というものを極めていく。

「**知《ち》を致《いた》すは物《もの》を格《ただ》すに在《あ》り**」。これも説明すれば非常に長くなります。「物に格《いた》る」と読んでいるものもありますが、私は「物を格《ただ》す」と読んだほうがいいのではないかと思います。

その「物」の一番基本になるのは何かというと、自分であります。自分も物の一つです。だから突き詰めていえば、「物を格す」とは「自己自身を正す」ことになります。

したがって、ここまでをまとめると次のようになります。

天下に明徳を明らかにすることによって、よく天下は治まる。
天下を安らかにするためには国をよく治めることだ。
国を治めるためには家をよく斉えることだ。
家を斉えるためには自分の身を修めることだ。
その自分の身を修めるためには、先ず内なる心を正すことだ。
心を正すためには、外に表れる意を正常にすることだ。
その意を誠にしようと思えば、我々に生来与えられた知を極めることだ。

その知を極めるためには、自分自身を正すことだ。

付け加えておけば、「知を致す」とは、我々に与えられている良心という正常な鏡を澄ますことです。この良心という鏡はうっかりすると曇ってしまう。鏡が曇ると物を正しく判断することができなくなってしまうんです。

我々は人の顔は見えますけれども、自分の顔は見えませんね。自分の顔を見ようと思えば、鏡に映してみなければならない。その鏡が曇っておったら正しくは映らない。正しく見ようと思えば、鏡を澄まさなくてはいけません。ましてや我々の内なる心を判断しようと思うのなら、内なる鏡を澄ましておかなくてはいけない。良心とか良知とか、この鏡の言い方はいろいろありますけれども、それを澄まさないといけません。

天照大神《あまてらすおおみかみ》が天孫ニニギノミコトをこの国に送り出しになられるときに、ご自分のお持ちになっておられた御鏡を与えました。「この鏡を見ること常に我を見るが如くせよ」と。それは「鏡を見て知を致せ」ということです。自分に与えられたる知をちゃんといつも正常に保つことが大切なのだということです。

実践の段階を示す八条目

その次の部分にはこう書かれています。

「物《もの》を格《ただ》して后《のち》知《ち》至《いた》る。知《ち》至《いた》りて后《のち》意《こころばせ》誠《まこと》なり。意《こころばせ》誠《まこと》にして后《のち》心《こころ》正《ただ》し。心《こころ》正《ただ》して后《のち》身《み》修《おさ》まる。身《み》修《おさ》まりて后《のち》家《いえ》斉《ととの》う。家《いえ》斉《ととの》いて后《のち》国《くに》治《おさ》まる。国《くに》治《おさ》まりて后《のち》天下《てんか》平《たい》らかなり」

物が正されるということは、自分が正しくなるということ。正されるということは、これは知を致すに繫がる。知がおのずから至る。そしてこの知が至りてのち、意が誠になる。意が誠になるというと、心が正しくなる。心が正しくなるというと、身が修まる。身が修まるというと、家が斉う。家が斉うというと、国が治まる。国が治まるというと、天下が平らかになる。

一般の解釈では、これは前に書かれていた部分を反復しているというふうに取っているものもあります。しかし、それは違います。

「古の明徳を天下にあきらかにせん」から「知を致すは物を格すに在り」の部分

は我々が物事を考える順序を示しています。これは難しくいうと思惟《しい》の過程を説いている。

そしてここでは、考えたものを実践する過程を説いているのです。我々が「こうしたらこうなる」ということを考えた。その考えたことを実行に移す。

その実践の過程では、まず自己自身を正す（格物）ことが大切なのです。

そして自己自身を正すことによって、おのずから知が至る（致知）。

知が至ることによって、外に表れる意が正常になる（誠意）。

意が正常になると、内なる心も正しくなる（正心）。

心が正しくなると、身がよく修まる（修身）。

身が修まると、家も斉うようになる（斉家）。

家も斉うと、国も治まるようになる（治国）。

国が治まると、天下も平らかになっていく（平天下）、というのです。

したがって、実践の過程においてはまず自己自身を正し、そして知を致す。この「格物致知《かくぶつちち》」というものが治国平天下の一番の根本になるわけです。

ここも先にお話ししましたように段階的に説いておりますけれども、一つのものです。自己自身が正しくなれば、即、国も正しくなり、天下も平らかにもなっていく。そういう同時的なものです。

学者はこの実践の八段階が三綱領を実現していく上での手段・方法になると考え、これを『大学』の八条目と呼んでいます。そして、三綱領と八条目というものをわきまえれば、『大学』の大体をわきまえたと考えてもいいわけです。

教育勅語に込められた『大学』の教え

その次に進みましょう。

「天子《てんし》自《よ》り以《もっ》て庶人《しょじん》に至《いた》るまで、壹《いつ》に是《これ》皆《みな》身を修《おさ》むるを以《もっ》て本《もと》と為《な》す」

上は天子から下は一般の人に至るまで、おしなべて誰でもが自分の身を修めることを以って根本とする、と書いてあります。すなわち、格物・致知・誠意・正心・修身といったものが本となり、斉家・治国・平天下は非常に大切なことではあるけれども末になります。それはなぜかというと、次にこうあります。

「其《そ》の本乱《もとみだ》れて末治《すえおさ》まる者《もの》は否《あら》ず」

その自己自身を修めていく根本をおろそかにして、家や国や天下が治まるということはないということです。

「其《そ》の厚《あつ》くする所《ところ》の者《もの》を薄《うす》くして、其《そ》の薄《うす》くする所《ところ》の者《もの》を厚《あつ》くするは、未《いま》だ之《こ》れ有《あ》らざるなり」

「其の厚くする」というのは、本を厚くするということ。

その厚くしなければならないところの本をおろそかにして、薄くしてもよい末を逆に厚くすれば、それは長く存在するものとはなりえない、ということです。

具体的にいうと、政治家が政治に対するいろいろな方法を大いに研究していくことは大切ではあるけれども、自己自身を修めることをおろそかにしてはならないということであります。自らが破廉恥的なことをやりながら、「わしは政治家としての能力はあるから辞めないぞ」という人もありますが、こういう人は長持ちしません。これは政治家だけじゃない。実業家にしてもそうでありましょう。やっぱり本末というものをよくわきまえなくてはいけません。

明治天皇は明治十九年に東京帝国大学をはじめてご視察になられた。そこで各部門をご覧になって、その進んだあり方に非常に驚嘆をされ、感心もされた。ところがただ一つ帝国大学にないものがあるのに気づかれた。それは何かというと、修身科というものがない。国を治める根本は、政治家が自己を修めるというところにある。これは少年時代だけの話ではない。国家の柱石として正面に立つ人ほどこれが大切であるというので、文部大臣を呼ばれて修身科云々《うんぬん》の話をされた。

このときの文部大臣は森有礼《ありのり》という人でありますが、「陛下のおっしゃることはごもっともでありますけれど、現代教育においては、それぞれの学科において、教授が人間教育をやることになっております」といって、なかなかこれを実行しなかった。明治天皇は総理大臣にも話されたけれども、なかなか実行しない。

そこで明治二十三年十月三十日に教育に関する勅語《ちょくご》を出されるのであります。これは勅語でありまして、憲法による詔書《しょうしょ》ではない。だから大臣の副署なしに出せるのであります。それによって、学校で教育勅語が教えられるようになるわけです。そしてこれが戦前までの教えの中心になったんですね。

昨今は教育基本法が云々されておりますけれども、教育基本法というのは政党政治の妥協の産物のようなものです。法律としてはいいかもわかりませんけれど、精神的な拠《よ》り所としては必ずしも正当を得たものではないと思います。

かといって、教育勅語を復活するということは現代的には非常に難しいでしょうけれど、いっぺん読んでごらんになる価値のあるものだと思います。読まずに批判するのはいかがなものかと思うわけです。

私は戦後、大阪の堺というところにいた優れた神父さんと教育勅語について意見が対立し、激論を交わしたことがあります。その神父さんは「あれは神の言葉ではないから信ずるに足らん」と批判しました。とうとう最後まで意見は一致せずに、神父さんの「あなたがバイブルを理解するときが来るまで私は祈り続けましょう」という言葉をもって別れました。

教育勅語の最後には「朕爾臣民ト倶ニ拳々《けんけん》服膺《ふくよう》シテ咸《みな》其徳ヲ一ニセンコトヲ庶幾《こいねが》フ」とあります。これは命令ではありませんね。明治天皇が、目指すところは自分も国民も一つであるから、共に慎んでその徳を一つにすることを庶幾う、といっているのです。これは『大学』の「天子自り以て庶人に至るまで、壹に是れ皆身を修むるを以て本と為す」と同じことです。

天皇は「自分は現人神《あらひとがみ》であるから、もう人間としてはできている。だから、お前さん方がやれよ」といっているわけではないのです。我も人なり、一緒にやりましょう、といっている。この道というものは古今に通じる真理なるがゆえに、お互いに守りましょう、ということなんです。

この『大学』の精神が教育勅語の中に表れておるわけであります。勅語を読んだことのない人は、ぜひいっぺん読んでみてください。読んでから批評をするのはよろしい。読まずにするのは一番危険です。人が言うから我も言うなんていうのは、世のリーダーのとるべき道ではありません。その原典に自ら接触して、「ここはいい、ここは至らん」と明確にして自らの意見を決することが大切であります。人の言に左右されては本当の大人とはいえないと思いますね。

そういうわけで、教育勅語というのは『大学』や『論語』と非常に相通ずるものがある。今それを急に復活させることはできないかもしれませんけれど、こういう古典を通じて、その精神をわきまえていくということが非常に大切なことではないかと思います。

ここまでが朱子によりますと、大学の「本経《ほんけい》」。つまり、一番基本になる部分、「縦糸」になる部分です。「経《けい》」というのはお経の「経《きょう》」と同じで、昔も今も変わらずに一貫していることが盛られている書物をいいます。仏教ではこれを経《けい》といわないで、経《きょう》と読んでいるということです。

そして、これからあとは「伝《でん》」、つまり解釈書であると朱子はいっています。「伝」というのは『古事記伝』とか『南総里見八犬伝』というあの「伝」と同じ意味です。

次回からは、この本経の解釈に当たる「伝」の部分を読んでいきたいと思います。

第四講

「親しむ」ことからすべてが生じる

「読書百遍意自ずから通ず」という諺《ことわざ》があります。やはり一遍読むのと百遍読むのとでは、かなり違います。また同じように読みましても、よくわかって読んでいるのと、わからずに読んでいるのとは、だいぶん違います。これは歌でも詩吟《しぎん》でもなんでもそうだろうと思いますね。

詩の意味を本当にわかって吟《ぎん》じている人と、ただ詩の形式に合うように吟じておる人とは、えらく違いますね。受ける側においても、調子は多少流派に沿っていなくても、詩の心を本当にわきまえている人のそれはよくわかります。ましてや、ご自分で詩をおつくりになられた方が自らの調子で読まれると、本当に難しい言葉でもよく響いてくることは皆さんもご経験あろうと思います。ですから、この『大学』もぜひ声に出して何度もお読みいただきたい。そういう実践を通してわかってくることも確かにあると思います。

『古本大学』と『大学章句』

これまで『大学』の一番もとになる三綱領と、それを実践する上において重要な八条目についてお話ししてまいりました。繰り返すまでもなく、三綱領とは「明徳を明らかにし、民に親しみ、至善に止まる」ことであり、八条目というのは「格物・致知・誠意・正心・修身・斉家・治国・平天下」であります。

そして、その中でも一番の中心になるのは「**天子《てんし》より以《もっ》て庶人《しょじん》に至《いた》るまで、壹《いつ》に是《こ》れ皆《みな》身《み》を修《おさ》むるを以《もっ》て本《もと》と為《な》す**」とあるように、自分の身を修めること。これが根本である。そして「身を修むる」において、さらに本になるのが「格物致知《かくぶつちち》」である。つまり『大学』は煎じ詰めれば「格物致知」に至るというところまでお話を進めてきました。

今日は、そのあとの話になります。いうなれば、今まで読んできた部分の裏付けとなる話をしていくことになります。

話が前後してしまいますが、『大学』には大きく分けると二種類あります。一つは『古本大学《こほん》』という古い昔から伝わっているものです。しかしこの『古本大学』は内容に雑然としているところがある。ご承知のように、昔の本は紙に書かれたのではなく、竹に文字を書いて、それをくるくると巻いて皮紐《かわひも》で結んでありました。

そのため、古い本の中には、皮紐が切れてしまってばらばらになったのを慌ててまとめたため、後先が逆になってしまったようなものもある。

秦の始皇帝が〝焚書坑儒《ふんしょこうじゅ》〟といって、古い書物を没収して焼き、当時の優れた学者を穴の中に埋めるということをやりました。そのとき、本を残すために慌てて土塀の中に塗り込んで隠したということがありました。儒家の家でもずいぶん塗り込んだようです。

そういうこともあって、『大学』も紐が切れたりしてばらばらになって、後先がわからなくなってしまったわけです。

それを宋という時代の朱子という学者が整理しなおした。朱子はそこに解説を加えて『大学章句《しょうく》』というものにまとめあげました。これがもう一つの『大学』のテキストになりました。

というわけで、『大学章句』も『古本大学』も内容的には大きく変わるものではありません。大事なことはほとんど共通しておりますが、順序が少し違ってきています。皆さんと勉強しているのは、『大学章句』をテキストにしているわけです。

さて、書物というものは、いくら内容が良くても無名の人が出すとなかなか受け入れられないものです。それゆえ、これを信頼させるために、世間ですでに定評のある優れた人に帯文を書いてもらったり、推薦者になってもらったりして、その無名の士を顕揚することが必要です。

これは現在も盛んに行われていることですが、『大学』がつくられた時代にも同様のことが行われていました。ただし、誰かに推薦文を書いてもらうというのではなく、その時代に定評のあった書物から文章を抜き出してきて、「ここにこう書いてある、だから私のいっていることは独断ではない」という説き方をしていました。要するに、自らの書いたものの信憑性《しんぴょうせい》を高めるために、昔の偉い人の文章を引用したわけですね。

『大学章句』をまとめた朱子は、『大学』の中にもそういう部分があることに気付きました。朱子の分類によると、冒頭の三綱領から「**其《そ》の厚《あつ》くする所《ところ》の者《もの》を薄《うす》くして、其《そ》の薄《うす》くする所《ところ》の者《もの》を厚《あつ》くするは、未《いま》だ之《こ》れ有《あ》らざるなり**」までが『大学』の一番の本になる部分である。だから、これを「本経《ほんけい》」といいました。そして、これからあとの部分は「経」の解釈書であると考え、「伝《でん》」と名付けました。

したがって、朱子の『大学章句』に従えば、これから私がお話しするのは「経」の解釈、つまり「伝」の部分であるとお考えいただくといいでしょう。

中には『古本大学』のままでいいのではないか、あまり気を利かせすぎると本来の精神をかえって乱すことになるのではないか、という考え方もあります。しかし日本には、朱子の『大学章句』が入ってきまして、それが本流をなしています。徳川時代はご承知のように朱子学《しゅしがく》が本流の学問であって、陽明学《ようめいがく》だとかその他の学は分派的なものとして存在はしましたが正統的ではなかった。そのため、今でも大部分の学者は朱子学を継承し、『大学章句』をもとにして解釈もしております。

私も『大学章句』を使ってお話ししておるわけですが、朱子の説も継承しながらも、私なりにとらわれない解釈をしつつお話を進めて行きたいと思います。

古典を引用して根拠を示す

先にも申しましたように、この『大学』という書物をつくったときに、曾子《そうし》と弟子たちは「これは自分たちが独断でつくったわけではない」と示すために、古い書物の中に書かれていることを引用しました。

彼らがまずいっているのは、「明徳を明らかにする」という言葉が古くからあるということです。それが「**康誥《こうこう》に曰《い》わく、克《よ》く徳《とく》を明《あき》らかにす**」です。「康誥」というのはすでに説明しましたけれど、『書経』の中の一編で、周王朝の武王の弟である康叔が衛という国の地方長官、つまり殿様として派遣されるときに、周公旦によって授けられた政治の心得を示したものです。

したがって、この『大学』の一節は「もうすでに古典化しているところの『書経』の康誥編に〝克く徳を明らかにす〟といっているよ」という意味になります。要するに、「周の武王の時代に明徳を明らかにするということがすでにいわれていたのだ」ということを示して、「だから、これは我々が独断でいっていることではないのだ」という根拠にしているわけです。

以下、同じような形で、根拠を示しつつ、その大切さを説明しています。順番に見ていきましょう。

「**大甲《たいこう》に曰《い》わく、諟《こ》の天《てん》の明命《めいめい》を顧《かえり》みると**」の中の「大甲」、これも『書経』の一編です。殷《いん》という国の伊尹《いいん》という総理大臣が大甲という王様を教育するときに、殷の湯王《とうおう》という王様がいった「諟の天の明命を顧みる」という言葉を引用していたというわけです。

そして、この「明命」の「命」とは「働き」ということであり、また「徳」にも「働き」という意味があるところから、「明命を顧みる」とは「明徳を顧みる」ということになり、「明徳を明らかにする」という意味になるのだといっています。

「帝典《ていてん》に曰《い》わく、克《よ》く峻徳《しゅんとく》を明《あき》らかにすと」の「帝典」とは、『書経』の一番初めに出てくる「堯典」のことです。そこに「堯の天子は峻徳を明らかにした」と書かれているんです。

峻徳の「峻」には「大きい」という意味があります。ですから、峻徳は大徳といってもいいものです。この「峻徳」は明徳と同じですから、この一文も、要するに明徳を明らかにするという意味になります。

そうすると、以上の三つはいずれも同じことをいっていることになります。そして、これらは「**皆《みな》、自《みずか》ら明《あき》らかにするなり**」。つまり、人から強制されて明らかにしたものではなくて、最高の地位にあるところの王あるいは帝がそれぞれ自ら明らかにしたものなのである。だから「明徳を明らかにする」というのは、単に我々の思い付きではなくて、昔から変わらない真理なのだというわけです。

「新」とは創造変化していくこと

「湯《とう》の盤《ばん》の銘《めい》に曰《い》わく、苟《まこと》に日《ひ》に新《あら》た日日《ひび》に新《あら》たに、又日《またひ》に新《あら》たならんと」

湯というのは、周の国の前にあった殷《いん》という国の第一代の王様です。これは非常に立派な王様だったといわれています。

その湯王は最高の地位にのぼったけれども、それに安んずることなく、自分の使う盤、これにはいろんな解釈があって、浴槽ととる人もいますが、手近なところで洗面器というふうにとってもいいと思います。その洗面器の表面に銘、つまり戒めになるような短い言葉を彫り付けた。その湯王の彫った銘が「苟に日に新た日日に新たに、又日に新たならん」であった。

この「新」という文字は、立ち木に労力を加えて切り倒して木材にすることが本来の意味です。そういうふうに変化創造していくことを「新（しん）」と読んだわけです。

つまり、世の中は絶えず変化して止まるところはないから、その変化に応じていくことが大切である。お山の大将を決め込んで胡坐《あぐら》をかいていたら、本人はそこに止まったつもりでも取り残されてしまう。だから、絶えず新たなる創造を繰り返していくことが大切である。ましてや、最高の地位についたならば、一層これが大切なことである。そういうことで、湯王は毎日、日に新たにしようということを戒めにしたわけです。この銘は新・新・新と韻を踏んで、非常に調子がいいですね。

「康誥《こうこう》に曰《い》わく、新《あら》たにする民《たみ》を作《おこ》すと」

この「新たにする」の上に「自ら」というのを加えるとよろしいでしょう。「自ら新たにする」、つまり自ら創造することを失わないように常に創造するような「民を作す」ことが大切だ、と。人から強制されて仕方なく改めるのではなくて、自ら創造して改めるような民にする。

現代の言葉を使うならば、上に立つ人は部下にやる気を起こさせるようにしなくてはいけない、ということでしょう。上からの指揮命令を受けなくても、自分から創造性を発揮するような部下にするということです。

「詩《し》に曰《い》わく、周《しゅう》は舊邦《きゅうほう》なりと雖《いえど》も、其《そ》の命《めい》維《こ》れ新《あら》たなりと」

殷の次が周ですな。周の最初の王様を武王という。武王のお父さんは周の王にはなっていなかったけれども、周という国ができてから、武王はお父さんを尊んで文王という王号を奉った。

『詩経』にいうには、その周は古い国ではあるけれども、その命（＝働き）は大変に創造的である、と。物というのは古くなるといつの間にか陳腐になって創造性を失っていくことが多いけれども、周の国においてはそうではなかったというわけです。

維新と革命

ここに出てくる「維れ」というのは接頭語ですから、「命新たなり」としても意味は変わりません。日本では、この接頭語を生かして「維新《いしん》」という言葉が生まれました。

物が改まるのには、大きく分けると「革命」と「維新」の二つがあります。「革」は「改まる」という意味で、「命を改める」というのは根本からやりかえること。それが革命、レボリューションです。それに対して「維新」というのは、だんだんに日々変化していく。日に新たに、また日に新たにして、だんだん変化していくのを維新というのです。

病気でいえば、「維新」は内服療養で徐々に治して行くやり方です。これに対して「革命」は外科手術です。外科手術は患部をすべて取ってしまうために治りが早いけれど、必ず痛みや後遺症を伴うことが多いです。

周という国は初めの時分は、「日日に新たに、又日に新たならん」という殷の湯王のように着実にやっておりました。しかし、月日が経つにつれ、日々の務めを怠るようになってしまいます。そしてついに、秦の始皇帝によって滅ぼされてしまうことになるのです。

孔子あるいは曾子は革命を否認しました。やっぱり「日日に新たに、又日に新たならん」という着実な行き方で行こうとした。一方、孟子《もうし》は革命を是認しました。孟子《もうし》は「王様が徳を失ったならば、それは天からの命が改まることになる」、つまり命がよそへ移ったのだと考えました。そのときには、もう王は王ではない。だから、王とついている人でも殺してしまって、新たに徳のある人がこれに変わればいいという革命是認論を唱えたのです。これは時代の流れに応じた変化といっていいでしょう。

日本は中国からずいぶんいろんなことを学んでいますけれども、主体性というものを失わずにきた。だから中国のいいものは思い切って取り入れたけれども、不適切なものは取り入れませんでした。

その日本が取り入れなかったものの一つに、宦官《かんがん》制度があります。宮廷に入る男を去勢してしまう。それならば婦人のところに近づけても安心だろうというので始まった制度ですけれど、それがだんだん勢力を揮うようになって宦官政治のような弊害が生じることになりました。

また、科挙という高級役人を採用する特別の試験制度も日本は取り入れなかった。それともう一つ、革命思想というものを受け入れなかったのです。

これは伝説的な話ですけれど、『孟子』という書物が日本に伝わるときに何度も船が難破をして、本《ほん》は海のもくずと消えてしまった。そのために孟子の革命思想は日本に伝わらなかった。だから日本には維新だけしかないのである、という説もあります。真偽のほどはわかりませんが。

「親」を「新」と考えた朱子

「**日《ひ》に新《あら》たに、日日《ひび》に新《あら》たに、又《また》日《ひ》に新《あら》たならん**」と三か所も「新たに」という言葉が出てきているのを見て、朱子は考えました。こんなに「新た」があるということは、最初に出てくる「民に親しむにあり」の「親」という字も「新た」の意味なのではないだろうか、と。そこで朱子は「親」という字を「新」に改めるまではしなかったものの、「親」を「あらた」と読んだんです。

だから朱子の教えを奉ずる学者はすべて、「民を親《あら》たにするに在り」と読むようになりました。

朱子はそういっているのですが、たとえば、前にも挙げた「**康誥《こうこう》に曰《い》わく、赤子《せきし》を保《やす》んずるが如《ごと》しと。心誠《こころまこと》に之《これ》を求《もと》めば、中《あた》らずと雖《いえど》も遠《とお》からず。未《いま》だ子《こ》を養《やしな》うを学《まな》びて后《のち》嫁《とつ》ぐ者《もの》有《あ》らざるなり**」との一節を考えてみると、「親しむ」と読んでもいいのではないかと私は思います。

この文の意味は、「康誥」に「政治というものはちょうど赤ん坊を育てるようなものだ」といっている。そのように親の心をもって一心に物事を求めて行ったならば、真ん中に当たらなくても大きくピントを外すことはない。自分の子供を十分養うということを経験してからお嫁にいくものはいない。みんな初《うぶ》な娘なのである、というものです。

この親の心、一体感の心が「親しむ」であって、それは「民に親しむ」と同じ心である。だから、「親」を「新た」と読むよりは、そのまま「親しむ」と読むほうが適切なのではないかともいえるわけです。

しかし、これはどちらかが間違っているというのではありません。「親しむ」という意味と「新たにする」という意味、いずれも大切であります。ただ、本末の順序があるんです。本末を考えるならば、まず「親しむ」ということが本になって、そこから「新たにする」という働きが出てくるのです。

「親」から「新」が生まれる

ちなみに、陽明学の立場をとっている人は「民に親しむに在り」とか「民を親しむに在り」というように、「親」という字をそのままに読んでいます。それはなぜかご説明しましょう。

王陽明という人は、三十五歳のときに劉瑾《りゅうきん》という宦官の独断政治を弾劾《だんがい》して、言葉も通じない南方に左遷《させん》されました。そこは誰も家を建てることも知らず、みんな木の上や穴の中に住んでおるような土地でした。従者が何人かついていくのですけれど、みんなホームシックにかかってノイローゼになり、世話をされるはずの王陽明が逆に世話をしなければならないというようになってしまいました。

一方、土地の人は、こんなところに流されてくる人だから、中央でよほど悪いことした人だろうと、王陽明の様子を興味津々《きょうみしんしん》で見にきたりするんです。

ところが、一年ほどするうちに、そういうどん底の孤独の中にあって王陽明は大きな精神的転換をします。要するに「万物は我が心の外にあらずして心の中のみにある」と考えるようになるんです。つまり、何かを外に求めなくても自分の中にすべてが備わっているじゃないか、ということを悟るわけです。

そういう「空」とか「無」の心境になった王陽明は、他者との一体感を感じるようになってきた。すると今まで他人だと思った土地の人にも非常な親しみをおぼえるようになるんです。そういう温かい眼で土地の人を見るものですから、土地の人もまたこれに応じて一体感を感じてくる。そこで王陽明は土地の人に家を建てることを教え、薬草を植えて病気に対応するということを指導するようになります。

そのとき、人々を変えるのに一番手近なものは教育をするということだと気づいて、その片田舎に学校を建てるんです。土地の人々も協力してくれて、わずかの間に学舎が建ち上がった。この学校を竜岡書院といいます。その学校で教育を施すと、土地の人もだんだんと文化的にも向上していくことになったのです。

だから、初めに一体感、親しむという心情が出てきた。そこから「ここは遅れているから進めてやらなければいかん」、つまり「新たにしてやらなくてはいけない」という気持ちが働きとなって現われてきたわけです。

「親しむ」という心情が本になる

キリスト教でもいろいろな布教のやり方がありますが、アメリカでは社会事業をキリスト教の一つとして強く推奨しております。社会事業というものは、キリスト教の愛情から出てきたものであれば、これは本筋なんです。しかし、愛情を内に含まないで社会事業だけを進めるというと、これは無理になることが多い。

それを孔子でいえば、仁という心が愛です。仁の心が内にあって、そして恕という思いやりの働き、あるいは悼《いた》むという働きが出てきたら、これが本物です。だから、ボランティア活動というものは強制すべきものではない。可哀想だ、気の毒だといった心情がまず起こって、それが「助けないわけにはおれない」という働きとなって現れたものがボランティア活動となるのです。逆にいうと、ボランティアを強制したら、これは邪道に落ち込むことになります。

かつて日本が中国に進出したときに、朱子学的生き方をとるか、陽明学的生き方をとるかによって、中国人に与えた心情は非常に違うのであります。日中戦争のとき、日本人が北京に新民会という会をつくりました。これは中国が遅れているから、これを大いに新たにしていこうという目的で設立されたものです。確かに現実的には遅れておったのですから、これを新たにすることは大切だったでしょう。けれども、これが中国人には非常に不評だったんです。

わざわざ遠いところまでおいでをいただいて、どうして我々を新たにしなければいかんのですか、私たちは私たちでやりますので、どうぞご心配なしに帰ってください、というわけです。

結局、この新民会というのが引き金になって、排日運動というものも起こってきました。この時分は学者がだいたい朱子学的生き方をとっていました。そのため、自分たちではいいことをしたつもりだったけれど、一体感的なものの考え方がなかったために、相手に「我々を見下している」と感じさせることになってしまったわけです。

現代、こういうやり方をしているのはアメリカです。アメリカというのは、自分たちのほうが進んでいるという認識で、自分たちの政治形態を発展途上国にも普及しようとする。普及するのはいいけれども、それが強制になってはいけないわけです。だからアメリカの行くところ非常に親切なように見えるけれども、反米運動というものが起こってくる。

これも、この新民思想、新たにする思想の上に立っておるわけですね。発展途上国の人たちと一体感をもって共にやっていこう、遅れているから共に進めていこうということにはなっていない。心の奥のちょっとした違いですが、そうした一体感のあるなしで相手の態度は全く違ってくることになる。

私は朱子のとった道がすべて間違っていたとは思いませんが、やはり順序というものがある。明徳が明らかになって相手に親しむという一体感が起こり、新たにするということはそこから自然に起こってくるものでなくてはいけないと思うのです。

止まるべきところを知る

話を進めていきます。

「詩《し》に云《い》わく、邦畿千里《ほうきせんり》、維《こ》れ民《たみ》の止《と》まる所《ところ》と」

三綱領では「至善に止まる」とありました。至善という言葉は一という意味だということは前にお話ししました。一に至って止まると書くと「正」という字になる。「正しい」というのは道理にかなっているということであって、自分に都合がいいからといって正しいとはいいきれない。

善と悪というのは、だいたいは自分というものを中心にして、自分の都合のいいのが善で、都合の悪いのが悪だという相対的な考え方に立っている。ところがもう一つ、それを超えた「道理」という世界、「道義」という世界がある。そこに至って止まることが正しいということだとお話をいたしました。

ここの「詩に云わく」の「詩」というのは『詩経《しきょう》』です。この辺から『詩経』がさかんに出てくるんですね。『詩経』というのは孔子が晩年に編纂《へんさん》をして三百五にまとめた。それが今日に伝わっております。

その『詩経』の中に「邦畿千里」邦畿というのは王城の近くですから、王城の周囲千里ということですね。この時分の中国の一里というのは、どうも日本の一里の十分の一ぐらいじゃないかといわれています。日本では約四キロが一里ですから、中国では四百メーターぐらいが一里ということになりましょう。ですから、千里いうと日本の百里ですから約四百キロです。

その王城の周囲千里が文化も進み、経済も発展し、人々が非常に生活しやすいところであったわけです。人間というものは生活のしやすいところに寄っていくというのが人情ですから、「維れ民の止まる所」となるわけですね。

私もこの間故郷に帰りましたら、家は前よりも多くなっているけれども、小学校の子供が二人しかいませんでした。その二人も兄弟。それに学校の先生が四人ついていた。これではというので、来年から統合になるそうですけれども、立派な校舎ができていて、運動場も体育館も大変に立派でした。国はそれだけ過疎地帯に対しても優遇しているわけですが、それでも人々はそこに止まらん。

今の文明生活を営んでいく上においては、子供一人を学校に出すにしても過疎地では容易ではない。というわけで、どんどん出ていっている。この流れは、もう止まりません。過疎地の不便さは、そこで生活しておる者が一番感じるものでしょうね。

昔もそうでした。理屈をいわずとも、生活が楽にできて、文化も向上しておるとなれば、人はおのずからそこに止まっていくものです。

「詩《し》に云《い》わく、緡蠻《めんばん》たる黄鳥《おうちょう》、丘隅《きゅうぐう》に止《とど》まると」

これも『詩経』の中にある言葉です。「緡蠻」ということは、ゆったりとリズミカルに鳴いている。「黄鳥」は黄色の鳥と書いていますが、日本の鶯《うぐいす》とよく似た鳥のようです。そういうゆったりと鳴く黄鳥が丘隅に止まる。丘の隅というよりも、その辺りに、という意味です。丘の辺りに止まって、ゆったりと鳴いている。

鶯というのは非常に敏感な鳥で、鳴いているところに自動車が通るとパッと鳴くのを止めます。私は山に三十数年生活をしていて鶯とは友達のようになっていましたが、鶯の谷渡りというように、ケキョケキョとこっちがしんどくなるぐらい鳴き続けます。ここは我が住む処だと、もう安心しきっているんです。鶯というのは自分の住む境界があるようです。

ヒグラシというのもだいたい深山幽谷《しんざんゆうこく》に住むようです。小さいのに高い声で鳴きますね。あれも、ちょっと足音がしたらパッと鳴くのをやめる。非常に敏感な蝉《せみ》です。だから深山幽谷でないと、なかなか住まない。

そういう鳥や蝉などでも自ら住むところを知っている、止まるところを知っている。そういうことが『詩経』の中に書いてあるということです。

それに対して孔子がこういったと。

「子曰《しのたま》わく、止《とど》まるに於《お》いて其《そ》の止《とど》まる所《ところ》を知《し》る。人《ひと》を以《もっ》て鳥《とり》に如《し》かざるべけんや」

鳥でもちゃんと止まるところを知っているのに、人間というのはどこに止まったらいいのかを知らん。それでいいのか、といっているわけです。人間は、もっと人間としてちゃんとあるべきところに止まって、そして安らかにおるということが大切だと孔子はいっているんです。

そしてまた、『詩経』の中にこういうことを言っている。

「詩《し》に云《い》わく、穆穆《ぼくぼく》たる文王、於《ああ》緝《しゅう》熙《き》にして敬止《けいし》すと」

「穆穆」というのは非常に徳の高い、奥深い深遠な人柄をいいます。そういう人柄の文王、この人は武王のお父さんですね。

「於緝熙にして敬止す」の「於」は「ああ」という嘆称であります。「緝」というのは「連なる」という意味。リズミカルにつながって行く。V字形の極端な変化があるのではなくて、やんわりと続いて行くのが「緝」であります。「熙」というのは「輝く」という意味。ですから、文王の人柄というものは、ゆったりとして、そしてリズミカルに、しかも陰気でなくて輝かしい。

そして「敬止す」、敬に止まる。この「敬」には二つの意味があります。「自分を慎む」という意味と「相手を敬う」という意味。つまり、文王は高い地位にいるけども、決して威張ったりしないで自らを慎むとともに、人をも敬ったということです。

「人君《じんくん》と為《な》りては仁《じん》に止《とど》まり、人臣《じんしん》と為《な》りては敬《けい》に止《とど》まり」

仁は一体感の心です。『論語』の中には「仁」という言葉が六十か所以上出てお りますが、その中に「仁は人を愛することだ」といっております。仁と愛は言葉こそ違うけれども一つのものである。

悠仁親王《ひさひとしんのう》がお生まれになりましたが、その名前には仁がつけられております。「人君と為りては仁に止まる」これが一番もとだということです。台湾で生まれた孔子の八十代も、その名前を佑仁《ゆうじん》といいます。やはり仁がついています。仁というのは王者の徳です。仁徳といいますね。孔子は王者ではありませんが、仁というのを一番中心に説いていった人です。つまり、最高の道徳を身につけようとして、それを説いた人でした。

だから、王様も孔子の子孫を大変尊敬しました。それで王が臣下の廟に参るというのはおかしいというので、王の位を孔子に贈っています。孔子の生まれた曲阜《きょくふ》というところに孔子のお墓がありますが、そのお墓には「大成至聖文宣王墓」と、王という名前がついています。それは勝手につけたのではなくて、王様がつけたものです。相手が王ならば、王様が王様の墓に参るのに何も遠慮いらんじゃないかと、こういうわけですね。

いずれにしろ、この「人君」としての一番大切な徳は仁にある。仁徳というものを発揮するというのが大切であるということです。

同様に、「人臣」としての一番大切な徳は敬であるといっていますね。

人としてわきまえるべき基準を学ぶ

「人子《じんし》と為《な》りては孝《こう》に止《とど》まり、人父《じんぷ》と為《な》りては慈《じ》に止《とど》まり」

人の臣となっては敬慎に止まる。人の子となっては孝行に止まる。人の父となっては慈愛に止まる。

まあ昔の中国は一夫多妻制ですから、父親というものは慈しみの心を持って子供にあたることが大切だと教えておるわけです。昔から、父は厳にして、母は優しいといわれます。そのため、父を殺す子供はしばしばあるけれども、母を殺す子供はほとんどいない。母を殺す子供が出てくるようになるということは、世の中が大きく乱れるもとである。

最近は、母親を殺す子供が出てきていますね。これは母親に慈が失われつつあるということでしょうか。しかし、本来、母親というものは最も本能的に子供を愛する、慈しむものです。だから母には慈しむということを特別に教える必要はない。しかし、父は厳であるから、慈しむ心を持って子供に接触することが大切だということをここではいっているわけですね。

「国人《こくじん》と交《まじ》わりては信《しん》に止《とど》まる」

国民と交わりては信に止まる。お互い同士もそうだが、昔から「信なくんば立たず」という言葉もあります。正義を貫くにおいて非常に重要なことは、この「信」ということである。お互い同士もまた信でなくてはいけない。これはすべての人がわきまえるべき基準であるということですね。

ところが今、この基準が明確ではなくなっています。ちょうど建物を建てるのに物差しなしに目分量で建てているようなものです。あるいは、米を計るのに枡《ます》を使わないで目分量で計っている。これが現実です。親としてどうあるべきか、子としてどうあるべきか、最低の基準をわきまえておくことが必要ですね。

皆さんはおそらく九九を暗唱したと思います。あんなものは覚えんでもいいと思うけれど、掛け算をやろうと思ったら九九を知らなければどうにもなりません。ところが今は、コンピューターを使うと、九九を知らなくても掛け算ができる。だから最低の基準というものもだんだんなくなってきてしまっている。

教育基本法を改正しなければならないということで、すったもんだしました。教育基本法を改正しなければならんということは古くからいわれておったことだけれども、いざとなったら実を結ばない。そして荏苒《じんぜん》として昭和二十二年以来、改正が行われていなかった。

もっとも法律によって、道徳を規制するということは本末転倒《ほんまつてんとう》です。道徳が基本になって、その上に法律というものができてこそ、法律も行われるんです。法を無視するわけではないけれども、最低の基準というのは道徳律というものをわきまえておくところにある。それが常識というものである。

すでにお話ししたように、『小学』というのは、人間としての基本的な常識を修めるものなんです。昔は法律を一文字も知らなくても、人間の道において劣ることはありませんでした。それは幼少の時分から家庭の中で親から子へと「こういうことはしたらいかんぞ」「これはこうだぞ」と自然に教え伝えたことが頭に残って、それが道徳律となって大きくなっても変わらなかったからです。

ところが、今日はそれが崩れてしまっている。いっぺん崩れたものをまとめるのは難しい。特に今日のような民主主義形態になると、必ず反対する者があるわけですからね。だから、全員に共通する道徳律を持つということは不可能といっていいと思います。

けれども、二千数百年も前からずーっと継続しておるものがあるのです。「経《けい》」という変わらない縦糸が一本通って、そして横糸が時代によって動いていく。そこに時代の模様というものができていく。縦糸がしっかりせずして横糸だけ動いたのでは織物にはなりません。

我々が古典を学ぶというのは、この「経」縦糸をしっかりとさせることでもあるのです。

第五講

「良知」という鏡で心を照らす

まず最初に前回までの復習をしておきましょう。

『大学』の一番根幹になるのは三綱領であり、これを実現していく上における方法ともいえる八条目が一番大切なところです。あとはそれに対する解説を加えておるものだと考えるといい。

その解説をするにあたって、当時としては最も固定された書物、万人が認める古典であった『詩経《しきょう》』『書経《しょきょう》』『易経《えききょう》』『春秋《しゅんじゅう》』『礼記《らいき》』という五経《ごきょう》を用いた。要するに、この『大学』において説明しておることは、もうすでに古人がこれらの書物の中でいっておることだ。だから「私がここで述べていることは正しいのだ」というわけです。内容に対する信憑性《しんぴょうせい》を得るために古い書物から引用してきているんですね。というわけで、今回も前回に引き続き、解説の部分を読んでいきたいと思います。

一度会うと忘れられない人

「詩《し》に云《い》わく、彼《か》の淇《き》の澳《いく》を瞻《み》れば、菉竹猗猗《りょくちくいい》たり。斐《ひ》たる君子《くんし》有《あ》り、切《せっ》するが

如《ごと》く磋《さ》するが如《ごと》く、琢《たく》するが如《ごと》く磨《ま》するが如《ごと》し。瑟《しっ》たり僩《かん》たり、赫《かく》たり喧《けん》たり。斐《ひ》たる君子《くんし》有《あ》り、終《つい》に諠《わす》るべからずと。切《せっ》するが如《ごと》く磋《さ》するが如《ごと》しとは、学《がく》を道《い》うなり。琢《たく》するが如《ごと》く磨《ま》するが如《ごと》しとは、自《みずか》ら修《おさ》むるなり。瑟《しっ》たり僩《かん》たりとは、恂慄《じゅんりつ》なり。赫《かく》たり喧《けん》たりとは、威儀《いぎ》なり。斐《ひ》たる君子《くんし》有《あ》り終《つい》に諠《わす》るべからずとは、盛徳《せいとく》至善《しぜん》、民《たみ》の忘《わす》るる能《あら》わざるを道《い》うなり」

「彼の淇の澳」の「澳」というのは「畔」という意味。淇という川の畔に緑の竹が美しく茂っている、というわけです。そして、その美しい竹を見て、君子を連想した。どういう君子かというと、切磋琢磨の修養を積み、瑟僩赫喧たる威儀を備えている。このように素晴らしい君子は永久に忘れることができない。

こういう文句が『詩経』の中にある、というわけです。

そこで今度は『大学』の作者、つまり曾子《そうし》あるいはその弟子たちがこれを説明して、次のようにいいます。

この詩の中に「切するが如く磋するが如く」といっているのは、その美しい君子が学問を修得しておることをいったものである。

「琢するが如く磨するが如し」といっているのは、その美しき君子が自ら自分の身を修めておるということを述べたものである。

「瑟たり僩たり」といっているのは、その美しき君子が修養の途中、常に身を慎んで懼《おそ》れるがごとく戒めているということをいったものである。

「赫たり喧たり」といっているのは、その美しい君子が修養の成果として麗しき威儀を供えていたということを述べたものである。

それがために民は、のちに至るまでもその徳を忘れることができないといったのである、と。


これは何をいっているのかといえば、人間も教養が積まれると風貌まで変わってきて、いっぺんその人に会うと、その良い印象が生涯忘れられなくなる、といっているのです。

淇という川の畔に緑の竹がふさふさと茂っているというのは、それが水辺にあって水分、養分がよくきいているからです。

京都と大阪の境に石清水八幡宮という神社がありますが、あそこは竹の名産地です。エジソンが電球のフィラメントの材料として石清水八幡宮で育った竹を使ったところ、飛躍的に長持ちしたという有名な話があります。それで、この境内にはエジソンの碑が建っておりまして、そこには「発明とは99の努力に対して1の直感によってなされる」というエジソンの言葉が書かれております。

ここは昔、一面の竹林でありました。その竹の中をずっと歩いていますと、ところによって「蓑竹猗猗たり」の通りに緑の葉っぱが冴《さ》えて見えるところがある。そこへ行ってみますと、筍《たけのこ》をとるために冬の間によく拓《ひら》いて、草を取り、肥やしをやっとるんです。それが葉っぱに現れてきているんです。

まあそのように、人間も修養を積んでくると、そこに風貌が風格とも呼べるような人間味がにじみ出てくるようになる。そして、そういう立派な人物になると、いっぺん会っただけでも一生忘れられなくなるというのです。

そういう人が実際にあるのです。優しいけれども、その人の前に行ったら何か硬くなって姿勢を正さずにはおれんような人であります。

安岡先生という人は、若い時分からそうでありました。学問も実に優れておりました。頭脳的にも抜群《ばつぐん》であったことはいうまでもありませんが、特別の役職に就いたわけではありません。また、学位を取ったわけでもないけれども、先生のところに行くとみんな自然と頭が下がる。

それが一番よく現れたのは宴会場でありました。大阪で勉強会をして、その後一緒に食事をすることがありました。その席に大阪の有名な芸者を呼んだことがありましたが、芸者は芸をせず、また仲居《なかい》も酌《しゃく》をするのを忘れて先生の話に聞き入ったんです。なんともいえない雰囲気というものが出る方でした。

ところがこの先生が右翼の巨頭だといわれた。なんであの柔和な先生が巨頭といわれるのかと思えば、実は有名な右翼の巨頭が先生の話を聞いてぞっこん惚れ込んでしまった。それで「わしの先生は安岡や」といったものだから、あの人が師事するくらいの人物であればよほどの……と。ところが会ってみると、まったく違う。孔子のことを弟子の子貢《しこう》が「温良恭倹譲」といいましたが、安岡先生もまさにそういう人柄でありました。

そういうことでありまして、いっぺん会うと忘れられないような人間というのは、修練をした結果が自然に人柄に現れたものなのでありましょう。

私は安岡先生を思い出して、この『大学』の一節がいわんとするような人が現実の中に生きておったのだなということを感じています。『大学』の書は決して架空の理想論を述べたものではないと、改めて感じる次第であります。

久しくして人これを敬す

「詩《し》に云《い》わく、於戯《ああ》前王《ぜんのう》忘《わす》れられずと。君子《くんし》は其《そ》の賢《けん》を賢《けん》として、其《そ》の親《しん》を親《しん》とす。小人《しょうじん》は其《そ》の楽《たの》しみを楽《たの》しみとして、其《そ》の利《り》を利《り》とす。此《ここ》を以《もっ》て世《よ》を没《おわ》りて忘《わす》れられざるなり」

ここも『詩経』にこう書いてあるよ、といっているわけですね。

「於戯《ああ》前王《ぜんのう》忘《わす》れられず」は「前の王様は誰もが忘れられない立派な王であった」という意味ですが、この王というのは、この時分で申しますと、周の文王とか武王を具体的に想定していると思います。

「君子《くんし》は其《そ》の賢《けん》を賢《けん》として、其《そ》の親《しん》を親《しん》とす」とあります。君子には、「立派な人物」という一般的な意味がありますが、「人の上に立つ上位者」のことも君子といいます。さらに、その上位者の中でも一番上に来るのが王、あるいは殿様であります。そういうふうに君子を現す場合もあるということです。

ここでの君子は後継の王といってもいいと思いますね。その後継者たる君子は前王を「この人は立派な人だ」と思って尊敬していた。また、その前王が大変親しくしていた人を、前王と同じように立派な人として尊敬する。「賢」というのは、今でいう「頭がいい」「賢い」という意味ではなくて、知徳兼備の優れた人物をいいます。その賢の中には大人《たいじん》も含まれると思います。

「小人《しょうじん》は其《そ》の楽《たの》しみを楽《たの》しみとして、其《そ》の利《り》を利《り》とす」の小人も、「子供」とか「つまらない人」という意味ではありません。「一般の人」あるいは「人民」といってもいい。一般の人は前王の時代に楽しみとしたものを楽しみとし、またその利としたことを利とする。そういうことであるから、その王は亡くなっても長く忘れられないというわけです。

人が亡くなったあとも忘れられないということはなかなか難しいものです。優れた人とか、社会的に有名だった人が亡くなりますと、ずいぶんたくさんの人が葬式に来ます。けれども、一周忌にどれだけの人が集まるか。それが五十年祭をやるというようなことになったときに、どれだけの人が集まるかですね。ましてや百年祭をやるとなったら、本当に数えるぐらいしか集まらないでしょう。もうすでに直接会った人たちも故人になっているわけですからね。

先年、菅原道真《すがわらのみちざね》公の千百年祭が催されました。千百年もしてなお思い出される、忘れられないという人もおるわけですな。孔子は二千五百年以上経っても、中国本土でも台湾でも生誕を祝って釋奠というお祭りが盛大に行われている。えらいもんです。何を画策したところで、二千五百年以上も時間が過ぎれば、人が寄ってくるものではありませんからね。孔子の人格が改めて偲ばれるというものです。

「久而敬之（久しくしてこれを敬《けい》す）」という言葉が『論語』の「公冶長」篇にあります。「子曰《のたま》わく、晏平仲《あんぺいちゅう》よく人と交わる。久しくしてこれを敬す」というところですが、長らく忘れられないで敬せられるというような人物というのは、少ないけれども決してないわけではない。『大学』でいっているのも、そういう人のことであります。

法律家の少ない世の中ほどよく治まっている

「子曰《しのたま》わく、訟《うったえ》を聴《き》くこと吾猶人《われなおひと》のごときなり。必《かなら》ずや訟《うったえ》無《な》から使《し》めんかと。情《まこと》無《な》き者《もの》は、其《そ》の辭《ことば》を盡《つく》すを得《え》ず。大《おお》いに民《たみ》の志《こころざし》を畏《おそ》れしむ。此《これ》を本《もと》を知《し》ると謂《い》う。」

孔子という人は当時の法律にもずいぶん詳しい人でありまして、大司寇《しこう》という、今でいえば法務大臣のような役目をしたこともあります。その当時は裁判官も兼ねたようなところもありましたから、孔子も訟えを聞いて、判決を下したりもしたのでしょう。

しかし、孔子が他の裁判官と違ったところは、「**訟無から使めんかと**」とあるように「訟えのない世の中をつくりたい」というのが本来の願いであった点です。だいたい裁判官が少ないほど世の中はよく治まっているものです。罪人、あるいはいろんな無茶をいうのがたくさんいるから、裁判官が必要になるし、これを弁護するところの弁護士が必要になるわけです。したがって、裁判官が多い、弁護士が多いということは、それだけ世の中が平和に治まってないということになる。

アメリカという国は、弁護士が非常に多いですね。日本はその十分の一ぐらいしかいないから、アメリカ並みにしなくてはいけないという意見があります。しかし、これは本末転倒というものでしょう。孔子の考え方からしますと、裁判官なしにお互い同士でちゃんと話し合いで解決できる世界が一番いいわけでありますからな。

日本は本来、同一の民族で同一の言葉を話し、考えも大体相通じるものがあった。だから何も裁判に持っていかなくても、お互い同士の話し合いでたいがいの問題は解決しておりました。あるいは田舎であれば、昔は長者というのがいまして、そういう人のところへ問題を持ち込むと、うまく折り合いをつけてくれるということがありました。最近はそういう人がだんだん少なくなってきた。代わりに弁護士が多くなってきましたね。

「情無《まことな》き者《もの》は、其《そ》の辭《ことば》を盡《つく》すを得《え》ず」

人間の本当の真は情にあるんです。情は本能的なものですから、これは借り物ではなくて本物である。だから、情実《じょうじつ》という言葉がありますね。情は実なり。今は情実といったら「依怙贔屓《えこひいき》する」というような意味に使われていますが、もともとはいい意味なんです。

知識というものは表面的なものです。だから情実によって接すれば、嘘で突っ張っているような者は「其の辭を盡すを得ず」で、嘘偽りの申し立てをすることはできなくなる。そして「**大**《おお》**いに民**《たみ》**の志**《こころざし》**を畏**《おそ》**れしむ**」で、自分で訴え出た裁判を自ら取り下げるようになる。


私が非常にお世話になった人に、梅本健男という方がおりました。この人は水戸の出身で、高等裁判所の判事をしたのちに弁護士になりました。特に看板を掲げることなくやっていたのですが、大変に繁盛していた。

ところが、この人の裁判は必ずしも成功するとは限らなかったんです。というのは、裁判を進めているうちに、訴えたほうが「私が間違っていました」と引き下がってしまうからです。だから、仕事にならんわけです。それでも梅本先生は、訴えた者が自分から引き下がると、「あぁ無理を通さずに良かった」と喜んでおられました。大変に後味がいい。だから、訴えた人も、その後の人生を明るく生きていけるわけです。

この先生が亡くなったときに、裁判を引き下げた人たちの集まりができました。一周忌には、それらの人が寄って先生を弔っておりました。私も呼ばれて行きましたけれど、こういう立派な弁護士もおるんです。最近の弁護士は、うっかりするとないことでもあるようにして、三年や五年や十年も裁判を引っ張るのもいる。嘆かないわけにはまいりません。

良心により正しく判断するのが人間の道

王陽明という人も裁判に携わったことがあります。あるとき、親子が争って訴え出た。なかなかお互いが譲らんので、裁判官はしばらくとどめておいた。そこへ王陽明が出て行くと、たちまちにして解決したというんです。

他の人はビックリして、聞いた。

「先生、何か特別なことをやったんですか」

「いや、何もしてない」

「何もないということはないでしょう」

「私は単に『舜《しゅん》は天下の大不孝者なり。瞽叟《こそう》は天下の大慈父なり』といっただけだ」

王陽明はそういいました。

舜というのは先にも出てきました古代の五帝に数えられる王様です。この舜のお父さんの瞽叟は盲目で、妻が早死にしたものだから後妻をもらいます。その後妻との間に子供ができると瞽叟はその子を愛し、継母とともに舜を痛めつけて殺そうとするんですね。

ところが舜は「父がそのように私を扱うのは、私が親不幸で十分に尽くしていないからだ。すべての原因は私にある」と思い、父親に対して孝を尽くす。

そういう話を王陽明は争っている親子にしたのでしょう。すると親のほうは「自分は慈しみの深い父親で息子が悪いと思っていたけれど、これは誤りだった」と気づいたわけです。また息子のほうも「自分は間違っていないのに親が悪いと思っていたけれど、よく考えると自分も親に心配をかけ、いろんな無理もいってきた。不孝なのは自分であった」と悟った。人から指摘されるのではなくて、自分から不孝者であると認めたわけです。

父は父、子は子でそれぞれ反省をして、人間の道はそこにあると気づいた。自分が自分の行いを顧みて、心に恥じるところがあった。これが「**民《たみ》の志《こころざし》を畏《おそ》れしむ**」ということです。結局この親子は共に訟えを引き下げて、相抱いて喜び、手に手をとって帰って行ったといいます。

「**此《これ》を本《もと》を知《し》ると謂《い》う**」ですから、これが人間の本、根本を知ることだといっています。そして「**此《これ》を知《ち》の至《いた》りと謂《い》うなり**」。つまり、知というのは物事を正しく判断することであると。ちょうど曇った鏡が澄んでくれば、おのずから物を正しく映すことができるのと同じです。我々には生まれながらに良心という鏡が与えられておるのだから、その良心を澄ませば、おのずから自分のやったことを正しく判断することができるようになるというわけですね。

「誠」とは自分も他人も欺かないこと

「**所謂《いわゆる》其《そ》の意《こころばせ》を誠《まこと》にすとは、自《みずか》ら欺《あざむ》く毋《な》きなり**」

「其の意」の「意」を「こころばせ」と読んでおりますが、これは「意識」のことですね。それは何も漠然と意識しているわけではなしに、内側に心があって、それが表面に現れてくるのを「意」というわけです。

感情なんていうのもそうです。内側にあるものが何かの拍子で外に現れる。喜怒哀楽という感情は、実は内にあるのが外に現れてきたものである。

心というものは内にあるから見ることはできませんが、その心がいずこにあるかということは、意識とか感情というものを見ればわかる。

「其の意を誠にす」ということは、正常にするということ。それは「自ら欺く毋きなり」自分が自分を欺かないことだ、といっています。

忠義の「忠」という字は、中の心と書いてありますけれども、あれの本来の意味は「自分が自分を欺かない」ということです。我々はうっかりすると自己弁護して、自分を庇《かば》っている場合がある。自分を欺いている場合があるんですね。

「忠」という字は、本来、自分に対するものなんです。自分が自分を欺かない。そこから全力投球することを忠というようになった。自分だけではなく、人に対しても全力投球をする。

それがだんだん後の時代になると、国家に対して全力を尽くしてやることを忠というようになってきた。そういうふうに変わってくるんです。

戦前の日本は「忠義」ということをよく言ったから、戦後になると「忠」という言葉を使うことすら反対されるようになった。辞典から「忠」がなくなったといってもいい位ですね。

しかし、本来の意味は「自分が自分を欺かない」ということ。そして何かをするときには自分の全力を尽くす。全力を尽くして自己を偽らない。こういうのを本来「忠」というのです。

これに対して、「信」というのは他人に対するものですね。自分がいったことは必ず守る。嘘偽りのないこと、二枚舌を使わないこと、これを「信」といいます。

自己に対しては「忠」、人に対しては「信」。これはどちらも「誠」ということです。

「慎独」は立派な人間になる基本となる

「悪臭《あくしゅう》を悪《にく》むが如《ごと》く、好色《こうしょく》を好《この》むが如《ごと》し」

これはもう何も説明はいらないでしょう。悪い臭いを嗅いだら本能的に嗅ぐまいとする。これは同時的なもので、瞬間的に反応するものです。逆に、好きな色や風景を見ると本能的に目を見開いて見ようとする。こうしたことは人がいうから「そうだな」と思うものではないということです。

「此《これ》を之《こ》れ自謙《じけん》を謂《い》う」

こういう同時的に行う、本能的に行っているものを「自謙」という。この「謙」という字は「慊」と同じ意味であります。「慊」というのは「あきたる」という意味。自己満足をするということです。

「故《ゆえ》に君子《くんし》は、必《かなら》ず其《そ》の独《ひとり》を慎《つつし》むなり」

そこで立派な人物というものは、必ず自分一人を慎む。誰が見てなくても、誰が聞いてなくても自己自身で慎んでいく。

『大学』で非常に重要なことが、この「慎独」です。我々が立派な人間になる、その一番基本になるものが慎独なんです。

吉田松陰に学ぶ「間居」の過ごし方

「小人間居《しょうじんかんきょ》して不善《ふぜん》を為《な》し、至《いた》らざる所《ところ》無《な》し」

この「小人」は前にもいいましたように「一般の人」というぐらいにとったらいいでしょう。「間居」の「間」という字は「暇がある」という意味。「閑」と同じです。

ここでは「暇があってゆっくりしていると良くないことをする。そして果ては何をするかわからない」ということをいっております。これは皆さんもよくご承知の言葉でしょう。中には、実際にこういう体験をしている人もいるかもしれません。

定年にでもなったら毎日が日曜日です。間居していて、ちゃんと自らの身を正せる人というのはよほどの人物です。それほどこれは難しい。

暇といってその一番に挙げられるところに獄屋、監獄、独房というものがあります。中でも独房というところは全く一人きりにされます。

この独房に一週間も入れられて、誰とも話をしない、飯を食うときも一人、ただひたすら狭いところにじっとしていなければならないとなると、これは普通の人には耐えられない。必ず誰かと話をしたくなる。そこでちょっと優しい言葉で話しかけられるとペラペラと喋ってしまう。というわけで、拷問《ごうもん》するよりも独房に入れるほうが実は効果があるものだそうです。

私もいろいろな経験をしてきましたけれど、まだ獄屋につながれたことはありません。戦後はずいぶん連合軍にも反発しまして、呼び付けられましたけどね。牢獄《ろうごく》に入れてもらえるだけの値打ちはなかったのかもわからん。

その点からいうと、吉田松陰というのは偉い人ですね。獄屋にあって朝から晩まで読書をしておったのですからな。松陰が入れられたのは武士の牢屋で、ある程度自由はきくところでした。すると他の囚人が本を読んでいる松陰を見て、「あいつは若いのに偉いやつだ」といって、それがきっかけで獄屋の中で勉強会が始まるわけです。牢屋につながれているとはいえ、安閑《あんかん》としていてはいかん。どんな場所であれ自分自身を磨く努力をしなければならん、とね。

中には俳句のよくできるのもおる、また書の書ける人もおる。それぞれが自分の特長を活かしてお互いに教え合い、学び合おうと始まった。そこで吉田松陰は『孟《もう》子《し》』の講義を始めたんですね。

その講義を続けている途中で家庭謹慎を命じられて、家にお預けになった。しかし、家族の者たちがせっかくの講義を途中でやめるのは惜しいといって、今度は自分たちが聞き役になって、最後まで講じ終えさせるのです。

それがのちに、『講孟余話《こうもうよわ》』あるいは『講孟劄記《さっき》』といわれる書物になった。皆さんもお読みになられた方があろうかと思います。

これなどは「不善を為し、至らざる所無し」ではない。間居を最も活用した例ですな。

ガンジーという人もそうでした。社会活動をして法に触れて、二十何回も獄屋につながれた。ところがガンジーは牢屋を勉強部屋とし、自らを反省した。だいたい社会活動をする人は外にいろいろ発表しますから、しばらくすると内容が空虚になる。そこで獄屋につながれて充電をして、また出てから活動を再開する。こういうふうに牢屋というものを活用した人がガンジーです。

こういう立派な人もおるけれども、大部分の人は長く間居するというとろくなことを考えない。だから、パチンコでもやらしとくほうがよろしい。競馬も必要悪でありましょう。財産はできんけれども、小人間居して不善をさせないためには政治的に必要なものなんだな。もちろん、優れた人物にはそういうものは要りませんけれどね。

人間の四耐

人間には耐えるということがいろいろあります。

まず「**苦に耐える**」。お釈迦さんも四苦八苦といいましたが、人間はみんな苦しみに耐えなくてはいけない。四百四病のうちで、貧ほど辛いものはないというが、貧乏に耐えるということはなかなか難しい。あるいは病苦に耐えるというのもなかなか苦しい。しかし、そういう苦に耐えなくてはいけない。

それから「**冷に耐える**」。これは冷ややかなまなこに耐えるということ。つまり、誤解に耐えるということです。人間には一生懸命やっていても誤解される場合がある。しかし、人の噂も七十五日というように、正しい人はじっと耐えていれば、ちゃんと正しさが証明されてくるものです。ところが、それを待ちきれずに自己弁護をしようとしてしまう。そうすると逆に、火に油を注ぐような結果になってくる。だから、誤解されても我慢しとることが大事なんですな。

その次に、「**煩に耐える**」。これは、煩わしさや忙しさに耐えるということです。忙しいということはいいことだけれども、それに耐えていかなければいかん。「忙しい、忙しい」という人は、あんまり偉くならん人です。だから、いくら忙しくても、人には「忙しい」ということをいわんほうがいいでしょうな。

そして四つ目が「**閑に耐える**」。間居、暇に耐えるということです。先にも申しましたように、仕事に携わっているときは毎日毎日煩わしいけれども定年を迎えると毎日が暇になる。やれやれと思うのはほんの数日で、それを過ぎると暇で暇でしょうがない。「今日は何しようか、まあパチンコにでも行こうか」と朝っぱらからパチンコに行ったりする。閑に耐えるというのは、実は大変に難しいことです。だから、耐えられずに不善を為してしまう人もあるわけです。

立派な人を見て我が行いを顧みる

「君子《くんし》を見《み》て后厭然《のちえんぜん》として、其《そ》の不善《ふぜん》を揜《おお》いて其《そ》の善《ぜん》を著《あらわ》す」。

しかし、そういう不善をなしておるような人でも、立派な人物を見るとなんか恥ずかしくなる。「厭」というのは「嫌う」「嫌になる」で、「厭然」というのは「自分で自分が嫌になる」という意味です。自己嫌悪という言葉がありますね。立派な人物を見ると、「なんで俺はこんなんだろう」と自分で自分が嫌になってしまう。

そして、良くないことを隠して、善いほうを見せようとする。

しかしながら**「人《ひと》の己《おのれ》を視《み》ること、其《そ》の肺肝《はいかん》を見《み》るが如《ごと》く然《しか》り」**。

自分はそういうふうに不善を覆って善を現したつもりでいるけれども、他の人から見たら、内臓の奥底まで見透かすようなものだ。つまり、隠しても隠しきれない。

一目瞭然だというのです。

したがって、**「則《すなわ》ち何《なん》の益《えき》かあらん」**。ちょっと表面を繕ったとしても、なんの益にもならないということですね。**「此《これ》を中《うち》に誠《まこと》あれば外《そと》に形《あら》わると謂《い》う」**で、心の内に誠があったなら、それが外に現れてくる。

これは逆もいえますね。その内に誠ならざるものがあれば、外にもそれが自然に現われてくる。ここではいいほうを例にいっていますが、悪いほうにも同じことがいえる。

「故《ゆえ》に君子《くんし》は必《かなら》ず其《そ》の独《ひとり》を慎《つつし》むなり」と、ここでも独りを慎むということをいっていますね。君子というものは、誰もおらないときも、ただ独りおるときにも、その独りを慎む。寝静まってから自分の夜具にも恥じないような生き方をするということも、よくいわれます。

「曾子《そうし》曰《い》わく、十目《じゅうもく》の視《み》る所《ところ》、十手《じゅっしゅ》の指《ゆび》さす所《ところ》、其《そ》れ厳《げん》なるかな」

「子」というのは「先生」という意味でありました。ですから、ここで「曾子曰わく」といっているのは、曾子自らが言ったということではなくて、その弟子が「曾先生が言われるのには」と言った言葉であろうと考えられます。

曾先生がいわれるのには、「十人の見るところ、あるいは十人が指すところ、それは厳正なるものがあるから傍観してはならない」ということです。

幕末の志士などは、周りから反対されて見放されたりしても、あえて自分はこれをやらなければならないと、「かくすればかくなるものと知りながら　やむにやまれぬ大和魂」という気持ちでやる場合もありました。この歌は、よく知られるように吉田松陰がアメリカに渡るべく下田で密航に失敗をして、牢屋に送られる途中に詠んだ歌です。同じく捕まった金子重輔が獄死したときには「世の人はよしあしことも言わば言え　賤《しず》が誠は神ぞ知るらん」という歌を詠んでいます。

坂本龍馬は「世の中の人は何とも言わば言え　わが成すことは我のみぞ知る」といっております。神様も知ってくれなくてもかまわない、俺だけがよく知っていると。

『易経』に「至るを知りてこれに至る、ともに幾すべきなり。終わるを知りてこれを終わる、ともに義を存すべきなり」とあります。もう初めから結果がわかっている場合もあるけれども、やらなくてはならないときもあるわけです。

ただし一般においては、やはり「十目の視る所、十手の指さす所、其れ厳なるかな」というのは確かでありましょう。まあ、最近の世論はちょっと疑わしいところがあるけれども、ここではそういう多くの人の意見を無視してはならないということをいっています。

「富《とみ》は屋《おく》を潤《うるお》し、徳《とく》は身《み》を潤《うるお》す。心広《こころひろ》く體《からだ》胖《ゆた》かなり。故《ゆえ》に君子《くんし》は必《かなら》ず其《そ》の意《こころばせ》を誠《まこと》にす」

富というのは財産。財産ができると、人はおのずから家を潤すようになる。その家を潤すことの一番に、まず自分の住む処を立派にしようとします。私は高知県の出身ですが、戦後のアルコールの少ない時分に、土佐では芋焼酎をつくって売って財を成した人がずいぶんいます。そういう人は一儲けすると外壁を白く塗り替えたり、屋根を修繕したりするので、家を見たらすぐにわかる。そういうことがありました。

そして**「徳《とく》は身《み》を潤《うるお》す」**。人に対して善行を行って徳を積むと、それは身を潤すことになる。

そのようにして財産もでき徳も積まれていくというと、おのずから心は広々としてくるし、体もゆったりしてくる。心は見えませんけれども、体はわかります。ちゃんと生活も安定し、人のためにも役立っているような人は、どことなしに体や動作がゆったりと豊かになってくる。

「故《ゆえ》に君子《くんし》は必《かなら》ず其《そ》の意《こころばせ》を誠《まこと》にす」ですから、立派な人物は必ずその意識とか感情を正常にしようとする。八条目の中に「意を誠にす」とありましたが、そのことをいっているわけです。

この「富《とみ》は屋《おく》を潤《うるお》し、徳《とく》は身《み》を潤《うるお》す」から名前にとって、両潤庵とか両潤軒というような屋号をつけている人がよくありますね。

見えない心を見る良心という鏡

「所謂《いわゆる》身《み》を修《おさ》むるには、其《そ》の心《こころ》を正《ただ》しうするに在《あ》りとは」

八条目の中に「其の身を修めんと欲する者は、先ず其の心を正しうす」ということをいっておりましたね。ここでは、それはどういうことなのかを具体的な例を挙げながら述べています。

この「身」を「こころ」と読んでいる人もいます。つまり、身体と肉体は違うということです。肉体は物質的なものですけれども、身体は中に生命が宿っている、心を含んだ肉体をいうわけです。だから、「こころ」と読めるわけです。

我々のこの身の中には心が含まれている。その心がどこにあるのか、どういうものなのかはまだまだ十分にわからないわけですけれども、確かに心はある。心が抜けたら単なる肉体となる。だから、生ける体を「身《しん》」といってもいいと思います。

「身忿懥《みふんち》する所《ところ》有《あ》れば、則《すなわ》ち其《そ》の正《ただ》しきを得《え》ず」

もう体を震わせて怒る。「忿懥」というのは「怒る」という意味です。そのようにして怒るところがあれば、正しい判断を下すことはできない。

「恐懼《きょうく》する所《ところ》有《あ》れば、則《すなわ》ち其《そ》の正《ただ》しきを得《え》ず」

恐れてぶるぶる震えているようなときには、正しい判断はできない。

「好楽《こうらく》する所《ところ》有《あ》れば、則《すなわ》ち其《そ》の正《ただ》しきを得《え》ず」

好いたり楽しんだり、特別にそういうことがあるというと、正しい判断はできない。

「憂患《ゆうかん》する所《ところ》有《あ》れば、則《すなわ》ち其《そ》の正《ただ》しきを得《え》ず」

非常に心配をすることがあると、正しい判断はできない。

「心焉《こころここ》に在《あ》らざれば、視《み》て見《み》えず、聴《き》きて聞《きこ》えず、食《くら》いて其《そ》の味《あじ》を知《し》らず」

心が散逸して集中していないときには、視ていても見えないし、聴いていても聞こえないし、食べてもその本当の味がわからない。

「此《これ》を身《み》を修《おさ》むるには、其《そ》の心《こころ》を正《ただ》しうするに在《あ》りと謂《い》う」

そのようなわけで、身を修めるには心を正しくすることが必要なのだ、というのです。

何度もいうように、内なる心というのは見えないものです。その見えない心を見るための鏡となるのが良心なんですね。我々は生まれながらにして自らの内に良心という鏡を与えられておるということです。

孟子や王陽明などは、これを「良知《りょうち》」といっています。そして、その良心・良知という鏡を澄ますことを「致良知《ちりょうち》」（良知を致す）というのです。

王陽明は五十になったときの自分の心境を表すのに一番適切なものとして「致良知」という言葉を挙げました。五十になったときに「良知を致す」という言葉がぽっと浮かんできたといいます。そのとき彼は、手の舞い足の踏むを知らないほど喜んだそうです。

誰でもみな、そういう良知、澄んだ鏡を与えられているのです。しかし鏡というものは、うっかりすると曇る場合がある。だから、絶えずこれを澄まして行く努力をしなくてはいけません。

それにはいろいろな方法があります。宗教もその一つでしょう。さらに宗教の中にもいろいろな方法があるところから、多様な宗教が生まれてきたのです。

いずれにせよ、いろんな方法を使って自分の心を澄まそうとする。そして絶えず澄んだ鏡でものを見るようにする。そうすれば、正しく物事を判断することができるようになるというわけです。

心が澄んでいると、神の心がそのままに映り、神人一如という状態になります。心が神の如く正しくなっているときにいろんな問題を考えれば、そこで正しく判断することができる。それは答えを神様から聞くというのではなくて、自分が神そのものになっているということです。そういうふうに無心になって心の鏡が澄んでくれば、人即神なのです。

岡潔先生の残した言葉

戦後間もなく文化勲章をもらった方で、数学の大家で岡潔《きよし》という人がおりました。

ノーベル賞をもらった湯川秀樹さんとだいたい同じ時期の人です。

私はこの岡さんと非常に親しくしていただきました。初めは大学の教授をしておりましたけれど、貧乏暮らしでした。もともとは富豪の子供なんですが、家督を弟に譲って家を出て、学問の道を志しました。奥さんも非常にいい家の出の人でしたけれども、小さな借家に住んでいました。私が訪ねていっても戸が開かないような家でした。

そんな人でしたけども、文化勲章をもらったら急に有名になって、家の隣にあった喫茶店の人なんかが特別扱いしてくれるようになった。しまいには奈良の市民葬で送られていく人ですけれどもね。

その岡さんは小さい時分にお祖父さんから四書五経、特に四書の素読《そどく》をさせられた。だから文学少年的な素養がある。しかし算数ができなかった。中学の入学試験を受けて算数で不合格になって、珍しく一年浪人するんです。その算数で不合格になった人が、数学で文化勲章もらったのですからわからないものです。

なかなか直感の優れた人でした。文化勲章のお陰で急に収入が増えたのか、まさに「富は屋を潤す」というわけで、新薬師寺の近くに割といい家を建てて住まわれた。それで私もお祝いに行ったことがある。

話をしているときに、突然「書けます」といわれるんです。「なんですか」と聞くと、実はある新聞社から連載の随筆を頼まれたけれども、さっぱり頭が働かなくなり十日間何も出てこない。どうしようかと思っていたときに、たまたま私の風沢《ふうたく》中孚《ちゅうふ》という易《えき》の創造の原理を説いた卦《け》を聞いた途端に、書くことが思い浮かんだというんですな。

それでえらく喜んで、私が帰るときに麦畑の中をずっと通って新薬師寺の門に入って見えなくなるまで手を振って見送ってくれた。

その岡さんが亡くなったときに、私は家へお参りに行きました。奥さんに「何か先生が書き残したようなものはありませんか」と聞くと、何枚か色紙を持ってきてくれまして、その中の一枚にこういうのがありました。

「覚めたる人を神という、眠れる神を人という」

覚めた人のことを神という。神であっても眠っている神を人という。神人は一如であるということを表そうとした言葉です。

我々人間には良心が眠っています。それが覚めた場合には、即神である。神だとしても、眠っているうちはただの人間であるというわけです。

人を導く根本は「斉家」にある

「**所謂《いわゆる》其《そ》の家《いえ》を斉《ととの》うるには、其《そ》の身《み》を修《おさ》むるに在《あ》りとは**」

自分の家を斉えるためには、まず自分の身を修めるところからだと八条目ではいっておりますが、そのためにはどうするか。

「**人《ひと》其《そ》の親愛《しんあい》する所《ところ》に之《お》いて辟《へき》す**」

人は特に親しみ愛するというところにおいて偏っていく。家族というものは偏ってはいかんということですね。ある者を特別に親しみ愛するというふうにしてはいけないといっているわけです。

「**其《そ》の賤悪《せんお》する所《ところ》に之《お》いて辟《へき》す**」

特に卑しんだり憎んだりすると偏ってしまって、正しくすることはできない。

「**其《そ》の畏敬《いけい》する所《ところ》に之《お》いて辟《へき》す**」

特別に畏れ敬ったりすると、また偏ってくる。

「其《そ》の哀《あい》矜《きょう》する所《ところ》に之《お》いて辟《へき》す」

特に悲しみ哀れんだりすると、また偏ってくる。

「其《そ》の敖惰《ごうだ》する所《ところ》に之《お》いて辟《へき》す」

特に奢りたかぶって怠けると、これも偏ってくる。

「故《ゆえ》に好《この》みて其《そ》の悪《あ》しきを知《し》り、悪《にく》みて其《そ》の美《び》を知《し》る者《もの》は、天下《てんか》に鮮《すく》なし」

故にその者を好んで、その欠点・短所というようなものを知り、また、その者を憎んで、その美点・長所というようなものがわかる。それをしゃんとできる人は非常に天下に少ないものである、というのです。「坊主憎けりゃ袈裟《けさ》まで憎い」というわけで、一度憎んだら最後まで憎むというのが普通であるということです。

しかし、前にもいいましたが、『大学』でいう家というのは現代の我々のような核家族の家ではありません。この時分の家というのは、大臣とか家老とか、上に立つ人の家のことをいっている。そういう家には何代もが一緒に住んでいる。そればかりじゃなくて、使用人もたくさんいる。中には二十人も三十人も五十人もいて、それが一つの家を形成しているわけですね。

日本でも昔の家老の家とかということになると、ずいぶん人も使っていたわけですから、親族だけで暮らしていたわけではない。そういう中で、偏って愛してみたり、偏って卑しめてみたりすると、家がうまく治まらないわけです。

「故《ゆえ》に諺《ことわざ》に之《こ》れ有《あ》り、曰《い》わく、人は其《そ》の子《こ》の悪《あ》しきを知《し》る莫《な》く、其《そ》の苗《なえ》の碩《おお》いなるを知《し》る莫《な》しと」

これは説明しなくてもよくわかる。人は自分の子供の悪いところを知らないものである。また自分の苗、作物が大きくなっているにもかかわらず、なかなか大きくなったことを知らない。これは欲目というものがあるせいでしょう。

だから、子供が警察に捕まってみて、親は初めて我が子が悪いことをしていたと知ったりする。うっかりすると、子供が悪いことをしたのに「自分の子供は悪くないのに、悪いようにいわれた」と、あくまでも子供をかばおうとする親もいます。

親同士の喧嘩の原因も、「自分の子供は悪くない」という先入観からお互い認め合わない。まあ、これは今に限らず、いずれの時代でもあるものですね。

「此《これ》を身《み》修《おさ》まらざれば、以《もっ》て其《そ》の家《いえ》を斉《ととの》う可《べ》からずと謂《い》う」

自分の身がちゃんと修まらないと、家の中も斉わないということですね。

「所謂国《いわゆるくに》を治《おさ》むるには、必《かなら》ず先《ま》ず其《そ》の家《いえ》を斉《ととの》うとは、其《そ》の家教《いえおし》う可《べ》からずして、能《よ》く人《ひと》を教《おし》うる者《もの》は之《こ》れ無《な》し」

自分の家人もよく教えることができない者で、よく人を教え導くことはできないということ。なるほど、「お前の家はどうだ」といわれたらもうそれでおしまいですからな。

「故《ゆえ》に君子《くんし》は家《いえ》を出《い》でずして、教《おしえ》を国《くに》に成《な》す」

だから上に立つ者も、家を出なくても教えを国になして、国そのものを立派にしていくことができる。

「孝《こう》は君《きみ》に事《つか》うる所以《ゆえん》なり」

家の中で親に孝行をしているということは、そのことが即君に仕えるもとになる。

「弟《てい》は長《ちょう》に事《つか》うる所以《ゆえん》なり」

弟や妹が兄や姉に従順であるということは、世の中に出たら位の上の者や年上の者に仕えていくもとになる。

「慈《じ》は衆《しゅう》を使《つか》う所以《ゆえん》なり」

親が子供を慈しむ、兄や姉が妹や弟を慈しむ、そういうことが役人となって民衆を使っていく心立ての根本になると、こういうことです。

だから家の中できちんとできるものは、外に出てもしゃんとできるということをいっているわけです。家の中でできずに外へ出てからうまくしようと思ったところで、それはできるものではないといっているんですね。

しかし今、日本で家といったところで、その家がなくなっていますからな。民法で、家の継承もなくなっております。財産の継承はあるけれども、精神の継承はないんです。こういう基本のところから我々は考えなければならない。

「譲」の精神が国を興すもとになる

「康誥《こうこう》に曰《い》わく、赤子《せきし》を保《やす》んずるが如《ごと》しと。心誠《こころまこと》に之《これ》を求《もと》めば、中《あた》らずと雖《いえど》も遠《とお》からず、未《いま》だ子《こ》を養《やしな》うを学《まな》びて后《のち》嫁《とつ》ぐ者《もの》有《あ》らざるなり」


これはもうすでにお話をいたしたと思います。

民に親しむという一体感を持つということ、それがものを新たにつくる一番の根本になるということです。

「康誥」にいっている。政治というものは赤子を育てるようなものである。一心になってこれを求めたならば、真ん中に当らなくても大きくピントを外すことはない。未だ子を養うことを十分経験したあとにお嫁に行くものはいない。みんな初《うぶ》な娘であるけれども、子供ができたら、誰からも教えられなくても大きくピントを外さないで子供を育てあげていっている。それは、その子供と親しむ、つまり一体になるがゆえである、ということです。

これは要するに三綱領の「民に親しむ」ということについて「康誥」という書物を通じて解説をしているわけですね。

「一家《いっか》仁《じん》なれば、一国《いっこく》仁《じん》に興《おこ》り、一家《いっか》譲《じょう》なれば、一国《いっこく》譲《じょう》に興《おこ》り、一人《いちじん》貪戻《たんれい》なれば、一国《いっこく》乱《らん》を作す。其《そ》の機《き》此《かく》の如《ごと》し。此《これ》を一言《いちげん》事《こと》を僨《やぶ》り、一人《いちにん》国《くに》を定《さだ》むと謂《い》う」

一家の中がお互いに仁の心で貫かれると、おのずからその国全体に仁の気風が起こってくる。家の中でお互いに我を捨てて譲り合うところから、国全体が譲り合い、そして譲り合うところから力を合わせていこうという気風が起こってくる。

ところが、この譲ということがだんだん薄れてきて、たとえば徳川時代などでも「士農工商」で、一番上は侍階級で「農工商」は下であるとしたことによって、「農工商」の間にはお互い譲り合う心があっても、士と一般の民の間には溝ができて譲り合うという観念がなくなってしまいました。だから、士と民とが本当に力を合わせて、一国そろって大いに活動するということはなかなかできなかった。

そうした中で、国全体が良くなるためにはお互いに譲り合わなければいけないと強調したのが、あの米沢藩の上杉鷹山《ようざん》でありました。鷹山はこの考えに基づいて、細井平洲という学者の指導を受けながら、興譲館《こうじょうかん》という学塾をつくった。そして国全体が士も民もお互いに譲り合い、協調していった。

貧乏藩でしたから、参勤交代で藩侯が帰って行くときも、なかなか帰れなかった。江戸をたとうとすると、あちこちから借金の催促がやってきたといいます。

そういう中にあって、鷹山は譲の精神で国を興したのです。それがゆえに米沢には、今でもあの時分の特産物が生きているんです。

さらに、民間から立って国を救おうとしたのは二宮尊徳ですね。二宮尊徳は譲ることを「推譲」といいました。そして、この考えをもとに破滅しかかった村を興し、やがて国の財政をも立て直して行くんですね。

最近は二宮尊徳もだいぶ見直されてきて、あちこちで像が建てられたりするようになってきております。あの二宮尊徳が薪《たきぎ》を背負って読んでいる本が『大学』なんです。おそらく尊徳は『大学』の「一家譲なれば、一国譲に興り」というところに大きなヒントを得ているのではないかと思いますね。

これは『論語』の中にもありますね。

「能く礼譲《れいじょう》を以て国を為《おさ》めんか、何か有らん。能く礼譲を以て国を為めずんば、礼を如何《いかん》」（里仁）

ここでいう礼譲は、譲のほうに重点を置いている。「譲をもって国を治めたならば、なんの難しいことがあろうか。譲るということをもって国を治めなかったならば、礼の形式が整ってもなんの役にも立たない」という意味です。礼譲の心というのが財を生産し、そして国を興していく大きなもとになるのであるといっているのです。

これを実践したのが二宮尊徳であり、上杉鷹山です。理論だけでは人は信頼しません。その理論を実践に移してその成果が上がってこそ信じるものなんです。

物のはずみが大きな変化につながる

「一人《いちじん》貪戻《たんれい》なれば、一国《いっこく》乱《らん》を作《おこ》す」

「貪」は「むさぼる」、「戻」は「劣る」。貪欲で道理を無視するような無茶をすれば、国中に乱を起こすことになる。

「其《そ》の機《き》此《かく》の如《ごと》し」

この「機」は、ここでは「はずみ」という意味です。物事ははずみによって大事につながることもある。機というものは非常に大事です。

シンギュラー・ポイントという言葉があります。日本語に訳せば「特異点」。物事が変化する潮時のことです。

歴史を見ると、大戦争なんていうのも、ほんのちょっとしたところから起こっている。第一次世界戦争もそうでしたし、第二次もそうでした。ちょっとしたはずみから大きく展開して、行き着くところまで行かなければ収拾がつかないようになってしまった。

この「機」というものが「はずみ」となるわけだが、決して何も下地がなかったわけではない。ちゃんと下地がある。それが何かの拍子で大きな事態へと発展していくということです。

「此《これ》を一言《いちげん》事《こと》を僨《やぶ》り、一人《いちにん》国《くに》を定《さだ》む」

一人のちょっとした言葉が物事を壊すことにもなり、あるいは、一人のちゃんとした人間が国を安定させることにもつながっていく。だから、一人とか一言とかいうことは実は非常に大切なものなのだといっております。

この『大学』というのは、『小学』の上に立って、世の中がどうしたら良くなるか、あるいは人間としてどうすれば人に良い影響を及ぼすことができるかということを説きだしているものです。そして今回読んできた部分は、その根本となる三綱領、あるいは八条目について、その実例を挙げて解説を加えた部分です。

この『大学』は二千数百年の歴史を持ち、しかも日本でできたものではありません。しかし、こうして読んでみると、時代を超え、民族を超え、国家を超えて、相通じるものがあることがおわかりでしょう。このように変わらないものこそが真理であろうと思います。

「其の機此の如し」と申しあげましたが、こうした勉強を続けていくうちに、一つのはずみが出てきて、大きな変化が起こるときがくるのであろうと私は思っています。

第六講

徳は本なり、財は末なり

いよいよこの講座も最終回になります。

いつものように今までの流れを簡単にまとめておきますと、まず一番根本になるものが三綱領であります。「明徳《めいとく》を明《あき》らかにし、民《たみ》に親《した》しみ、至善《しぜん》に止《とど》まる」。この三綱領が基本になります。

そして、これを達成する上において八つの段階がある。これが八条目です。「格物」「致知」「誠意」「正心」「修身」「斉家」「治国」「平天下」の八つ。

この三綱領、八条目をご納得になれば、もう『大学』の心をよくわきまえたも同じです。それよりあとの部分は実例を述べている部分で、昔の書物などを活用して、三綱領、八条目の裏付けをしたものであります。

これからお話ししていくのも、その裏付けの部分にあたります。

「徳」と「財」の意味するところ

今回は「徳」と「財」というところからお話ししていきたいと思います。『大学』に次のような一文があります。

「徳《とく》は本《もと》なり。財《ざい》は末《すえ》なり」

徳と財、これを本末という点からすると、徳が本で財は末になるといっておりま
す。この考え方は『大学』のみならず、東洋思想の根源をなすものであるといって
いいと思いますね。

「徳」というのは、もともとは天地宇宙のルール、あるいは人間たることのルー
ルであって、これを「道」ともいいます。何事にもルールがある。大きく変化して
一瞬として止まるところがないように思うけれども、その変化の中に厳然たるルー
ルがあるものです。

そのルールを素直に受け入れ、これを実行したときに、即ち道が徳になるわけで
す。それが「得」にもつながるということを最初にお話ししました。

したがって、徳というものには必ず実行が伴う。ルール（道）を知るだけでは徳
にはなりません。千里の道も一歩からで、踏み出さなければ目的地には到達しない
のです。そういうことですから、この徳というものが本である。

一方、「財」という字は「貝」が付いていますね。貝はもともと貨幣の代わりに
使っていたこともあるんですね。だから「貨」という字などは貝が化けると書いて

ある。

財は貝に「才」が付いている。この才というのは「働き」という意味です。才能というのも働きの一つです。ですから、これは金や財産が大きな働きを持っているということです。

ところが、この才という字には「僅か《わず》」という意味もある。漢文では「才」と書いて「僅かに」と読むことがあります。つまり、財というものは全体から見るとわずかなる存在だということです。財が末だというのもそういうわけですね。

才に木偏を付けると「材」という字になりますね。これは、立ち木を切り倒して、そこからいろいろな働きが出てくることを意味しています。板にもなり、柱にもなり、と。そして家が建っていくわけですから、大きな働きを持っているんです。

人間でも人材・人財というと「大きな働きを持っている人」という意味です。「やり手」ということですな。いわゆる才能のある人を人材・人財といいます。

人材・人財に対して人物ということがありますね。「あの人は人物だ」と、よく使われる。単なる才能のある人は人物とはいいません。人物には必ず裏に徳がある。徳もあり、そして働きもある人を人物といいます。

しかも、その徳と働きを比較したときに、徳のほうが優れておる人を人物といいます。そういうところから「徳は本なり。財は末なり」という言葉が出てくるわけです。

「財」は使ったように返ってくる

「**本《もと》を外《そと》にして末《すえ》を内《うち》にすれば、民《たみ》を争《あら》わしめて奪《うば》うことを施《ほどこ》す**」

本である「徳」をおろそかにして、末である「財」を重んずるということは、その財を民が争って奪い合うことをすすめるようなものだといっているのです。

前回、上杉鷹山《ようざん》と二宮尊徳の話をしました。

「**一家《いっか》譲《じょう》なれば、一国《いっこく》譲《じょう》に興《おこ》り**」で、家の中でお互いに譲り合うと、やがて一国の中でお互いに譲り合うようになる。「奪い合う」のではなくて、「譲り合う」ことによって一国が興ってくるのであると。決して財を無視したわけではなくて、財政的建て直しをするのに、次元を異にした「譲る」というところからみんなが協力した結果として、財政も立ち直るのです。

これは現代の自由経済の優勝劣敗、弱肉強食的な考え方の中で忘れられている精神といえましょう。最近は永々苦心して築き上げた会社が、朝目が覚めたら財の力で乗っ取られてしまったというようなことが珍しくなくなってきています。しかも社会的にも非常に信頼のあるような企業でも、そういう買収をするようになっている。これはやはり考えさせられるものがありますね。

「是《こ》の故《ゆえ》に財聚《ざいあつま》れば則《すなわ》ち民散《たみさん》じ、財散《ざいさん》ずれば則《すなわ》ち民聚《たみあつ》まる」

国家財政の上からいってもそうでありまして、税金を重くして国民から搾《しぼ》り上げるようにして国の財政が豊かになったとしても、それでは人民は生活がなかなか立ち行かないので散って他国へ移っていってしまう。

特にこの時分は農業が主体でありますから、人間が大切でした。それがよそへ散っていってしまうというのは、国家の存続にかかわる問題であるわけです。ところが、今度は財を自分のものとせずに人民を幸福にするために散ずる、つまり大いに施せば、その評判を聞いて遠くからも民が集まってくる。民が集まるということは同時に生産が増えてくるということを意味しているわけです。

「是《こ》の故《ゆえ》に言悖《げんもと》りて出《い》ずる者《もの》は、亦悖《またもと》りて入《い》る。貨悖《かもと》りて入《い》る者《もの》は、亦悖《またもと》りて出《い》ず」

言葉でもそうで、言葉の出しようによって、それに応じて返ってくる。「コノヤロー」なんていえば、向こうからも同じように返ってくる。一言発する発し方によって、向こうの答えも違ってくるわけでありましょう。だから、道義にかなわないような無茶なことをいうと、相手もそれに対して跳ね返してくるから喧嘩《けんか》になるということですね。

それと同じように、財貨というものも無理をして集めてきたものは思いがけないときに出て行ってしまう。

ここは「徳は本なり。財は末なり」ということを、こういう例で説明しているのであります。

水到れば渠成る

「康誥《こうこう》に曰《い》わく、惟《こ》れ命常《めいつね》に于《おい》てせずと」

「命」というのは「天の命」。「働き」といってもいいし、「命令」といってもいい。人間というものは、自分で得たように思うけれども、それは究極的には天の命による働きによるものである。だから、いっぺん得たものでも徳が薄くなったり、徳がなくなってしまえば、いつでも失われるといっています。

「死生命あり、富貴天にあり」という言葉が『論語』の中にもありますが、殿様という地位とか王様という地位、特に中国では天子という言葉があるように、王位というものは天の命によって徳ある人に授かるという思想なんですね。

「善《ぜん》なれば則《すなわ》ち之《これ》を得《え》、不善《ふぜん》なれば則《すなわ》ち之《これ》を失《うしな》うを道《い》う」

これも同じようなことで、立派な行いをして民に幸せをもたらせば、おのずから地位は得られるけれども、逆なればこれを失う。

あるものをつくろうと思って苦心をしているとき、そこに金の裏付けがないとできるものではありません。いくら立派なものを考えても、やはり金というのは大切なものです。だから、徳の裏にはやはり財がなくてはいけない。

物には必ず裏と表があります。だから、徳を表にしていればそれで万事よろしいというわけではなくて、そこに財の裏付けがないといけないということです。

私もそれで苦心惨憺《くしんさんたん》したことがあります。そのときちょうど安岡先生が大阪にこられた。東洋紡の会長をしておられた進藤竹次郎さんが、先生に揮毫《きごう》を頼んでおられたのです。進藤さんという人も立派な方で、東大では進藤さんのほうが十年ぐらい年上でしたが、安岡先生を本当に師として仰いでおったような人でした。逆に先生もまた先輩としてこの進藤さんを尊敬しておりました。

そのとき私は少し遅れて参りましたが、まだ墨が残っておりましたので、「先生、私の思うものはどうしたらできるでしょうか。一句で成るような言葉はありませんか」と聞いた。そうしたら安岡先生はたちどころに筆をとって書いてくれました。

それが「水到渠成」という四文字でした。「水到れば渠《きょ》成る」と読みます。水が来たら自然に溝ができるということです。「渠」というのは「溝《みぞ》」ですね。

私は「ありがとうございます」といってもらって帰ったのですが、そこでハタと思いました。水が来たら自然に溝ができるという表の意味だけではなくて、何か内に深い意味があるのではないかと。そこで字引きをひいてみると、水というのは徳を表すと書いてありました。

つまり、「水到れば渠成る」ということは「徳を積めば物は自然にできるよ」という意味になる。つまり、先生は「お前はまだ徳が足りないぞ、だから慌ててものをつくろうとしてもできっこないぞ」といわれたのです。

徳というものは、何か腹に一物あって積むものではありません。それでは本当の徳ではない。相手に良いことをする場合も、報いを求めずに積んでいくものが本当の徳（陰徳）であって、物をつくる手段として徳を積むのではない。

「これではいつできるかわからんな」と私は思いました。幸いにして、その後、安岡先生の高徳に進藤竹次郎さん等が中心になって財政的裏付けをしてくださって、私の思うようなものができたのですが、「水到渠成」とはそういう深い意味を持つ言葉だったんです。

ところがこれの逆もいえる。「水去れば渠やぶる」つまり、水がなくなったら溝がなくなるということですね。これは、徳がなくなったら、せっかくつくったものもなくなるよ、という意味を内側に秘めているわけです。これは『大学』でいっている通りです。ものにはそういう面があるわけです。

立派な行いをする人間こそ最高の宝

「楚書《そしょ》に曰《い》わく、楚国《そこく》は以《もっ》て宝《たから》と為《な》す無《な》く、惟善《ただぜん》以《もっ》て宝《たから》と為《な》すと」

楚という国は南のほうの国ですが、古く『国語』といって各国の歴史や風習をまとめた書物があります。その中で楚の国のことを書いたものを「楚書」といいます。その「楚書」には、楚国がよその国から「私のところにはこういう宝がある」といわれたときに、「私のところにはそういう目に見えるような宝はありませんけれど、立派な行いをする人物をもってこれを宝としております」といったという話がある。品物としての宝はないけれど、立派な人がおると。

次も同じような例をいっています。

「舅犯《きゅうはん》曰《い》わく、亡人《ぼうじん》以《もっ》て宝《たから》と為《な》す無《な》く仁親《じんしん》以《もっ》て宝《たから》と為《な》すと」

晋《しん》という国で内部抗争がありまして、当然位につくべき公子が追われたような形で他国に亡命をしておりました。その亡命をしていた人の舅犯、舅というのは奥方のほうの伯父さんです。つまり、これは伯父さんの子犯という人がいった言葉です。

何をいったか。晋の国の献公《けんこう》という亡命していた公子の父親である殿様が亡くなったときに、秦という国の穆公《ぼくこう》という殿様が亡命している公子に「国に帰って晋の君主の位を継ぎなさい」とすすめるんです。そのときに舅犯は、それを断わらせた。そして、こういうわけです。

「亡命をした人には宝とするようなものはありませんが、親を思いやる心を宝と考えています」と。つまり、「他国の応援を得て君主の地位についても、また内部抗争が起こることは必定です。私はどんなに困っても、親族を疎かにするようなことはいたしません」というわけです。「だからあなたも今はじっとしていなさい」といっているんですね。その伯父の言葉に従って、この公子は秦の君主に断りを入れ、のちに母国へ帰って君主の位に就《つ》くわけです。

無茶をして親族同士が互いに争い合うようなことはやらない。それが私のほうの宝だと、こういっておるわけです。これも外なる宝に対して、人間というものを非常に大切にした言葉です。

一隅を照らす

皆さんは「一隅《いちぐう》を照らす」という言葉はお聞きになったことがあろうと思います。これは中国の故事から出た言葉です。

魏という国と斉《せい》という国の殿様が狩りをしているときにばったりと出会った。そのときに、魏の殿様が「私のところにはよそにはないような立派な玉があります」というんです。その玉は径寸《けいすん》といって、直径が一寸、今でいうと三センチメートルもある大きな玉であると。

「この玉は非常に光が強くて、兵車十二乗を照らすことができます。私の国にはこういう玉が十個ありまして、これが宝の最たるものです。しかし、あなたの国は大変大きい国ですから、定めし立派な宝がたくさんありましょう」

と魏の殿様は斉の殿様に聞くんです。すると斉の殿様は答えました。

「私のところにはそういう立派な玉はありません。しかし、一隅を照らす者、たとえば農業ならば農業、外交ならば外交と、それを担当させれば立派に責任を果たす非常に優れた家来が各所におります。これが私のほうの宝です」

それを聞いた魏の殿様は恥じ入ってしまったというわけです。

これが「一隅を照らす」の故事です。それがのちに、比叡山を興された伝教大師最澄《さいちょう》が僧侶を育てる学校をつくるとき、その学校の規則として、これを利用したんですな。それが「山家学生式《さんげがくしょうしき》」。今でいえば学生手帳というか、学生の守るべき守則を記したものです。その中にこういう言葉があります。

「国宝とは何物ぞ、宝とは道心なり。道心ある者を名づけて国宝と為す。故に古人言わく、径寸十枚、是れ国宝にあらず、一隅を照す、此れ則ち国宝なりと」

立派な坊さんが国の宝となるのだというわけです。そのような一隅を照らす品格を備えてきた者が地方に下れば、その行く先々で周囲を照らす。その徳に土地の者がなびいて、だんだん集まってくる。集まってくるところには建物もいるから、そこにお寺ができる、と。

伝教大師はこういう精神で坊さんを育てたんですね。

全国に天台宗、比叡山の流れができていったのは、こうした一隅を照らす人々がそれぞれの地方に下っていったからです。だから、無理をして金を集めて寺を建てたのではないんです。今だったら寺を建てるとなるとずいぶん苦労しなければいけませんけれども、そうではない。人格にひかれて人が自然に寄ってくるというのです。

小なりといえども光る人間になる

住友に長く勤めた人で田中良雄という方がいました。この田中先生は東大に在学時代に人を救うべく線路に飛び込みまして片足首を失いました。のちに住友本社に入られて、住友電工の中興《ちゅうこう》の祖ともいわれた人です。

この人が「一隅を照らす」という詩をつくっています。

一隅を照らすもので私はありたい
私の受け持つ一隅が
どんなに小さいみじめな

はかないものであっても
悪びれず
ひるまず
いつもほのかに
照らして行きたい

田中先生は終戦後の非常な困窮の中にあって、苦難の道を辿りながら住友本家を守っていく人でありますが、この精神が住友電工の精神となり、全社員がこれを徹底するという生き方をとっていました。

私はこの田中先生にいろいろとご指導もいただき、また可愛がっていただきました。亡くなったときに奥さんが身辺を整理していたら、箪笥《たんす》の奥からこの「一隅を照らすもので私はありたい」という先生直筆の詩が表装されて出てきたそうです。

これを見たとき奥さんは「あぁ主人はこういう気持ちで絶えず自らを反省しながらやっていたのだな」としみじみ思ったそうです。戦後は生計も決して楽ではなかったそうです。だから、生きているときにはご主人に対して不平・不満をいったこともあったようですが、亡くなってから本当の先生の生き方に接した。それで私に、「田中はあなたを非常に大事にして、よく噂もしていました。これは私のところに置くよりも、あなたに差し上げるほうがいいでしょう」と、形見に送ってくれました。

若い人は「一隅を照らすなんて、そんなちっぽけなこと」と思う人がおりますでしょう。「もっと大きく照らしたい」と。

けれども、考えてみてください。地球は大きいけれども自ら照っておるものではありません。太陽の光を受けて光っている。一たび太陽が没すれば、地球もまた光を失うんです。

ところが、一隅を照らすということは、小なりといえども自ら光る人間になるということです。光る人間になるということは、その人がそこに居ることによって、体から発する光がおのずから周囲に及んでいくということです。

会社でも課長、部長、重役とかいろいろありましょうが、その会社という大きな光に照らされて自らは光っているんです。そのおかげで、他所《よそ》へ行っても通じるわけです。だから、職を退いて一個の人間になると大した光もないというのが普通一般です。その職にあるときは外部的にも影響力を持っていますが、問題はそこを去ってからどれだけの影響力を持つかということです。

だから「照らす」という言葉には非常に深い意味があるんですね。会社がなくなっても、金がなくなっても、何を失っても、なおそこに光る人間が残っている。失えば失うほど光る人がいる。そういうことであります。

人の上に立つべき人物の条件

「秦誓《しんせい》に曰《い》わく、若《も》し一个《いっか》の臣有《しんあ》らんに断断《だんだん》として他技無《たぎな》く、其《そ》の心休休《こころきゅうきゅう》として、其《そ》れ容《い》るる有《あ》るが如《ごと》し。人《ひと》の技有《ぎあ》る、己之《おのれこ》れ有《あ》るが若《ごと》く、人《ひと》の彦聖《げんせい》なる其《そ》の心之《こころこれ》を好《よ》みし、啻《ただ》に其《そ》の口《くち》より出《い》ずるが如《ごと》きのみならず、寔《まこと》に能《よ》く之《これ》を容《い》る。以《もっ》て能《よ》く我《わ》が子孫黎民《しそんれいみん》を保《やす》んぜん。尚《こいねが》わくば亦利《またり》あらん哉《かな》」

これは国の話でありますけれども、現代ならば会社にも置き換えてもいい言葉です。

秦という国の優れた殿様に穆公という人がいました。先に出た晋の公子に国に帰って君位に就くようにすすめた人です。

この人が若気の至りで、重臣たちが止めるのも聞かずに兵を興して他国へ攻めてコテンパンにやられてしまったことがありました。そのときに「私はやりすぎた。これからはこういう気持ちでやりますから、どうぞ皆さんご協力ください」といって自分の部下に誓いを立てたんです。秦の殿様が部下に誓った言葉だから「秦誓」というわけですね。

その「秦誓」にはこうある。

「一个」は「一個」のこと。ここに一人の重臣がおる。その人は「**断断《だんだん》として他《た》技《ぎ》無《な》く**」真面目一徹でさして特別の才能もない。

ところがその人は「**其《そ》の心《こころ》休休《きゅうきゅう》として、其《そ》れ容《い》るる有《あ》るが如《ごと》し**」心はゆったりとして、すべてのものをそこへ包み込むような包容力がある。

「**人《ひと》の技《ぎ》有《あ》る、己《おのれ》之《こ》れ有《あ》るが若《ごと》く**」人が優れた技能を持っていると思えば、自分がこれを有するように快く受け入れる。

「**人《ひと》の彦聖《げんせい》なる其《そ》の心《こころ》之《これ》を好《よ》みし**」立派な人物だと評判がいい人がいれば、その人を心から好む。

「啻《ただ》に其《そ》の口《くち》より出《い》ずるが如《ごと》きのみならず、寔《まこと》に能《よ》く之《これ》を容《い》る」それは単に立派だなあと口先だけでいうのではなくて、心から包み込む。

「以《もっ》て能《よ》く我《わ》が子孫黎民《しそんれいみん》を保《やす》んぜん」こういう人が上にいたならば、自分の子孫や一般の民を安んずることができる。**「尚《こいねが》わくば亦《また》利《り》あらん哉《かな》」**そこからいろいろな働きが出てきて、国全体にも大きな利益を与えることができるだろう。そういう人物でありたいなあと、こういうことですね。

ところが逆に**「人《ひと》の技《ぎ》有《あ》る、媢疾《ぼうしつ》して以《もっ》て之《これ》を悪《にく》み」**人が優れた技能を持っていると、これに嫉妬して憎む。**「人《ひと》の彦聖《げんせい》なる、之《これ》に違《たが》いて通《つう》ぜざら俾《し》む。寔《まこと》に容《い》る能《あた》わず」**評判のいい人がいれば、その人が世の中に出ないように邪魔をして、そういう立派な人物を入れることができない。**「以《もっ》て我《わ》が子孫黎民《しそんれいみん》を保《やす》んずる能《あた》わず。亦曰《またここ》に殆《あやう》い哉《かな》と」**こういう人が上に立った場合には、子孫も一般の民も安んじることができない。こういう人を重用することは非常に危ないなあ、といっています。

「唯仁人之《たたじんじんこれ》を放流《ほうりゅう》し、諸《これ》を四夷《しい》に迸《しりぞ》けて、與《とも》に中国《ちゅうごく》を同《おな》じうせず」

本当の人物というものは単にやさしいだけではなくて、こういう人に迷惑をかけるような人を追放して外国に流し、一緒に住めないようにする。

「此《これ》を唯仁人《ただじんじん》能《よ》く人《ひと》を愛《あい》し、能《よ》く人《ひと》を悪《にく》むを為《な》すと謂《い》う」

本当の人物だけが本当に人を愛することができるし、本当に人を憎むことができるのである。

「賢《けん》を見《み》て挙《あ》ぐる能《あた》わず、挙《あ》げて先《さき》んずる能《あた》わざるは命《めい》なり」

知徳兼備《ちとくけんび》の立派な人物を見ながら挙げ用いることができず、挙げてもその能力を充分に発揮させることのできないのは君主の怠慢である。

現代のような民主主義的選挙法はないけれども、優れた人物を挙げ用いるということは上に立つ人にとって最も大事なことなのです。

三顧の礼で迎える

蜀漢《しょくかん》の劉備《りゅうび》が天下に志をもって、優れた人物をいろいろ探したところ、諸葛孔《しょかつこう》明《めい》という優れた人物がいることを聞いた。そこで彼は礼を厚くしてこれを迎えようとしました。

諸葛孔明は山東省《さんとんしょう》の出身ですが、茅屋《ぼうおく》というか粗末な家に隠棲し、そして、そこで自らをよく修めておこたらずにいました。そこに「どうかご出馬願いたい」ということで、劉備が訪ねていくわけです。

しかし、一度行って断られ、二度目に行ったときも断わられた。それでも諦めずに三度目に行くと、諸葛孔明はようやく出馬を承諾してくれた。これが有名な「三《さん》顧《こ》の礼《れい》」の故事です。

立派な人物が「どうかお願いします」と頼まれたとき、「いや、私はそんなご期待にそえるような人物ではありません」と、初めに断わるのを「初辞」といいます。ここで「待ってました」と言ってはいけないわけです。断ったとしても、本当にその人を望むならば、また頼みにくる。それでまた「そうおっしゃっていただけるのはありがたいのですが……」と二度目に断るのを「固辞」といいます。

固辞されて相手が引き下がるのであれば、その人をそれほど重く思っていない証拠です。本当に必要ならば、もういっぺん頼みに来る。

三度目に頼まれて「それではお言葉に甘えて」と受諾する。これが三顧の礼に応えるということです。

ところが三度行っても断わられたとしたら、頼むほうはもう諦めるしかありません。三度目に断ることを「初辞」に対して「終辞」といいます。もう何度きても同じだぞと、はっきり断わるのが終辞。そうなれば、もうあまり深追いせんほうがよろしい、ということになります。

だからものを断わるにも「初辞・固辞・終辞」と三つの断り方があるわけです。

物を得る大道にある二原則

劉備は三顧の礼をもって諸葛孔明を迎えることに成功したわけですが、必ずしもうまくいくとは限らない。「**賢《けん》を見《み》て挙《あ》ぐる能《あた》わず**」立派な人物だけれども、これを挙げ用いることができない。あるいは「**挙《あ》げて先《さき》んずる能《あた》わざるは命《めい》なり**」挙げ用いたけれども、その人を先頭に立てていろいろなことを自主的にやらせるということができないという場合もあるわけでしょう。しかし、これは「**命《めい》なり**」。一般の解釈ではこの「命」は「おこたり」の間違いだとされています。だから、上に立つものの怠慢である、という意味になる。役目を果たしていないということです。

「不善《ふぜん》を見《み》て退《しりぞ》くる能《あた》わず、退《しりぞ》けて遠《とお》ざくる能《あた》わざるは過《あやま》ちなり」

逆に、人が不善を働くのを見て退けることができない、あるいは退けても遠ざけて関係を断ち切ることができないというのは、上に立つ者の過失というものである。

「人《ひと》の悪《にく》む所《ところ》を好《この》み、人《ひと》の好《この》む所《ところ》を悪《にく》む。是《これ》を人《ひと》の性《せい》に拂《もと》ると謂う。災《わざわい》必《かなら》ず夫《そ》の身《み》に逮《およ》ぶ」

上に立つ者が自分の気のままに、人の憎むところを好み、人の好むところを憎むというのは自己中心というものである。これは人の本性に逆らうことであって、必ず災がその人の身にふりかかる。

「是《こ》の故《ゆえ》に君子《くんし》に大道有《だいどうあ》り。必《かなら》ず忠信以《ちゅうしんもっ》て之《これ》を得《え》、驕泰以《きょうたいもっ》て之《これ》を失《うしな》う」

地位を得るにしても、必ず忠信をもって得る。忠信は自己に対して誠であり、人に対して誠であること。そういうふうな行動をしておれば、おのずから地位を与えられることになる。

「驕」という字は馬偏に高いと書く。馬が高いとはどういうことかというと、二本足で立ち上がるという意味です。馬は四つん這いでいるときは安定しているけれども、二本足で立ち上がると、高くはなるけれども長続きはしない。そこから、「驕」は「虚勢を張る」「たかぶる」という意味になります。

それから「泰」ですが、普通に「泰」といえば「泰平《たいへい》」「安らか」という意味ですけれども、ここはそういう意味ではありません。人間というものは生活が安定してくると、心に緩みが生じてくる。そこで怠るようになる。だから、この「泰」は「怠慢」「おこたる」という意味になります。

したがって「**驕泰以《きょうたいもっ》て之《これ》を失《うしな》う**」とは、たかぶり、人をあなどり、そして怠ると、せっかく得た地位や財も失うことになるといっているのです。

だから、どこまでも誠ということが一番であって、驕泰ということは一時的には良くても、やがて失っていくものである。物を得る「大道」はこの二原則に尽きるということをいっているのです。

たとえば、バブルで痛い目を受けたのに、ちょっと景気が良くなると、この驕泰というのが起こってくる。それでまた落ち込んで、やはり忠信で行かないといかんというので誠を尽くしてやっているとまた良くなる。しかし、良くなったらまた驕りが出てきて落ち込んでしまう。これが人間というものの人生かもわかりません。それほど、良くなっても驕りたかぶらず、いつも同じ姿勢を貫き通すというのは難しいことなのです。

「財《ざい》を生《しょう》ずるに大道《だいどう》有《あ》り。之《これ》を生《しょう》ずる者衆《ものおお》く之《これ》を食《しょく》する者寡《ものすく》なく、之《これ》を為《つく》る者疾《ものはや》く之《これ》を用《もち》うる者舒《ものおもむろ》なれば、則《すなわ》ち財恒《ざいつね》に足《た》る」

財を生み出すのには大道というものがある。生産する者が多くてそれに寄食するものが少なく、生産速度が速くて消費する速度がゆっくりしていれば、財はいつも豊かである、というわけです。

これは現代の一般経済からいうと、財が余りすぎるとデフレになるという問題も起こってきますから単純にはいえないかもしれませんが、常識的にいえば、こういうことになるでしょう。

今のように次から次へと新しいものをつくって、古いものをどんどこ捨てていくという行き方が大きな眼で見たときに、果たして正鵠《せいこく》を射《い》ておるかどうかということは考えさせられるものがあると思います。消費と浪費を混同したり、景気を上昇させるために消費、あるいは浪費を推奨するというものの考え方は、果たして大きな立場からしたらいかがなものか、考えてみるときであろうと思います。

目先の利益を求めてはならない

「仁者《じんしゃ》は財《ざい》を以《もっ》て身《み》を發《おこ》し、不仁者《ふじんしゃ》は身《み》を以《もっ》て財《ざい》を發《おこ》す」

本当の仁者というものは、その財というものを世のため人のために有意義に使って、その人の徳を高めていく。ところが不仁者というものは、身を犠牲にしてまで自らの財産をつくろうとする。

財のためには命を捨ててもいいということはないと思うけれども、これは中国ではよくある話です。たとえば、溺れている人が道行く人に「助けてくれ」というと、その人が「礼はいくらする」と聞く。溺れる人が「いくら払う」というと、「それでは安い。いくらなら助けてやる」と交渉する。すると今度は溺れている人が「それでは高すぎる」といって、とうとう沈んでしまったと。

死ぬ寸前までもお互いに譲らずにやりとりしているという人がいる。これは極端な例でしょうが、そういう人は日本にもいそうですな。

『論語』の中で孔子が、「吾れは未だ剛者を見ず」といっています。私は本当に強いという人を見たことがない、という意味です。そうしたらある人が「申棖《しんとう》がいるではありませんか」と言った。それに対して孔子は言うんです。「子曰わく、棖《とう》や慾《よく》あり」あいつは欲の皮が突っ張っているから強いだけで、本当の強さではない、と。

かくのごとく、欲のためには命を捨ててもいい、というぐらいの人も世の中にはいるんですね。ここでは、不仁者という者にはそういうところがあるといっているわけです。

「未《いま》だ上仁《かみじん》を好《この》みて、下義《しもぎ》を好《この》まざる者《もの》は有《あ》らざるなり。未《いま》だ義《ぎ》を好《この》みて、其《そ》の事終《ことおわ》らざる者《もの》は有《あ》らざるなり。未《いま》だ府庫《ふこ》の財《ざい》、其《そ》の財《ざい》に非《あら》ざる者《もの》は有《あ》らざるなり」

上の者が本当に仁を好んだら、下の者が義、正しい筋道を好まないことはない。下の者が義を好んで、物事が立派に終わらないということはない。

「未《いま》だ府庫《ふこ》の財《ざい》、其《そ》の財《ざい》に非《あら》ざる者は有《あ》らざるなり」

「府庫」というのは「政府の蔵」です。仁によって得た財というものは、長く存続するということをいっています。

「孟獻子《もうけんし》曰《い》わく、馬乗《ばじょう》を畜《か》えば、鶏豚《けいとん》を察《さっ》せず。伐冰《ばっぴょう》の家《いえ》には、牛羊《ぎゅうよう》を畜《か》わず。百乗《ひゃくじょう》の家《いえ》には、聚斂《しゅうれん》の臣《しん》を畜《やしな》わず」

孟獻子というのは魯《ろ》という国の優れた大臣であります。この孟獻子という人がいうのには、「馬乗《ばじょう》を畜《か》えば」昔は四頭立ての馬車を一乗といいました。四頭立ての馬車に乗ることができるということは、だいぶ地位が高くなったことを意味します。そうすると収入も増えてくるわけで、「鶏豚《けいとん》を察《さっ》せず」安月給のときには家計を助けるために鶏や豚を飼っておったけれども、収入が増えたら鶏とか豚を飼って収入を増やそうとは思わないようになる。

「伐冰《ばっぴょう》の家《いえ》には、牛羊《ぎゅうよう》を畜《か》わず」の「伐冰」というのは、夏に神さまにお供えをするときに、お供え物が腐らないように使う氷のこと。昔は氷というものが自由に使えませんでした。ところが、卿大夫といって大臣でもだいぶ上のほうの位になると、収入がずいぶん増えるので、氷が使えるようになる。そうなると、牛や羊を飼わなくなる。牛や羊は農家の重要な生活資源ですから、そこまで手を出さないようになるということです。
これは今でいうと、大企業になったら中小企業の領分まで手を出さないということでしょう。大きな資本力をもってしたら、同じ商品でも安くつくることもできましょうし、中小企業なんかひとたまりもなしにやられてしまう。ところが、この時分の優れた人物は自己制御をしていたわけです。

「百乗《ひゃくじょう》の家《いえ》には、聚斂《しゅうれん》の臣《しん》を畜《やしな》わず」

昔は大きな国は千乗といいました。そこに仕えておる家老というのが、だいたい兵車百乗を持つことのできる家です。

百乗ということは、馬でいうと四百頭。それだけ所有する人間になると領地もあります。領地ができますと、税金も取り立てなければならない。「聚斂」というのは税金を厳しく取り立てる家来です。「斂」は「納める」ということ。税金を厳しくかき集める、そういう家来を養わない。

「其《そ》の聚斂《しゅうれん》の臣《しん》有《あ》らんよりは、寧《むし》ろ盗臣《とうしん》有《あ》れと。此《これ》を国《くに》は利《り》を以《もっ》て利《り》と為《な》さず義《ぎ》を以《もっ》て利《り》と為《な》すと謂《い》うなり」

税金を情け容赦なく取ってくるということは、一面からすると有能の臣であるけれども、本当の百乗の仁の家老はそういう家臣は養わない。そういう聚斂の臣があるよりは、「**寧**《むし》**ろ盗臣**《とうしん》**有**《あ》**れ**」むしろ集めた金をこっそり盗み取る家来があるほうがまだましだ、といっています。

どういうことかというと、家来が盗み取るだけならば内部的に損はするけれども、直接的に民に影響はない。ところが税金というのは直接影響するから、それを集めるときにはよほど考えなくてはならないということでしょう。

「**此**《これ》**を国**《くに》**は利**《り》**を以**《もっ》**て利**《り》**と為**《な》**さず義**《ぎ》**を以**《もっ》**て利**《り》**と為**《な》**す**」で、国というものは目先の利をもって本当の利とはしない。「**義**《ぎ》**を以**《もっ》**て利**《り》**と為**《な》**すと謂**《い》**うなり**」正しい行為を踏み行って、そこから得られるのが本当の利である。

古い言葉にこういうものがあります。正しい行為を積み重ねて、そこから得られるものが本当の利である、と。この利は真利であり、目先の利というのは私利です。『論語』の中で孔子はあまり表面だって利についていいませんでしたが、稀に利にふれるときには、必ずそれが仁の道にかなっているかどうか、あるいは天の道にかなっているかどうかを考えるようにといっています。

人才と人物

次もよく似た話です。

「国家《こっか》に長《ちょう》として財用《ざいよう》を務《つと》むる者《もの》は、必《かなら》ず小人《しょうじん》に自《よ》る。彼之《かれこれ》を善《よ》くすと為《な》して、小人《しょうじん》をして国家《こっか》を為《おさ》め使《し》むれば、災害竝《さいがいなら》び至《いた》る。善者《ぜんしゃ》有《あ》りと雖《いえど》も、亦之《またこれ》を如何《いかん》ともする無《な》し」

「**国家《こっか》に長《ちょう》として財用《ざいよう》を務《つと》むる者《もの》**」というのは、今でいえば財務大臣がそうでしょう。「**必《かなら》ず小人《しょうじん》に自《よ》る**」の「小人」は悪い意味ではなくて、君子に対する者をいいます。この君子と小人の判別は、他人と比較するのではなく、その人の中に基準があります。つまり、先にいったように人間には「徳」と「才」の両方が大切でありますが、才よりも徳の優れた人を君子といい、徳よりも才のほうが優れている人を小人というのです。また、自分よりも他人を大切にする人を君子といい、自分を中心に動く人を小人といいます。

さらに、徳も才も両方ともに優れておりながら、なお徳のほうが才よりも優れている人は「大人」「人物」という。「賢」というのもこれにあたります。同じく徳も才も優れているけれど、才のほうが徳よりもなお優れている人を「人才（人材）」というのです。

逆に、徳も才も少ないけれども、徳のほうがちょっと優れている人を「賢」に対して「愚」というんです。

幕末から維新にかけて大きな功績を挙げた人たちがおりますが、特に江戸百万の民を戦火から救った大立役者といえば西郷南洲と勝海舟ですね。西郷さんというのは、非常に徳が高くて、君子型の大人といわれます。一方、勝海舟という人も立派な人で徳もありましたけれど、どちらかというと小人型の人であるといわれる。同じ偉人の中にも、小人型偉人と君子型偉人とがあるわけです。

西郷さんは維新のあとは参議という位にありましたから、収入も非常に多かったそうです。しかし、家計は本当に取るに足らないようなお金で営んで、あとはみんな後輩や世の人のために使いました。

彼は金銭に疎《うと》かったかというと、そうではないんです。鹿児島の貧乏な下級武士の家に生まれ、収入も乏しくてロクな格好もできなかったほどですから、お金の大切さは身にしみていたでしょう。また、地方役人としてやりくり計算もしなければならなかったから、ソロバンが非常に達者だったそうです。西郷さんとソロバンというとピンとこないかもしれませんが、名人的な腕前だったそうです。

そういうことでありますから、決して計算ができない人ではなかった。ただ徳のほうがより優れていた。そういうことであります。

勝海舟もなかなかの人でありましたけれども、西郷さんのような人物という感じではない。たとえば明治になって論功行賞《ろんこうこうしょう》を受けるときの態度などを見ると、それがよくわかります。あの時分は公・侯・伯・子・男という爵位《しゃくい》の段階がありました。勝海舟は徳川方でしたけれども大きな功績があったから、最初、子爵の位を送られたんです。

そうしたらその請け書の中に「われもまた人並なりと思いしに、五尺に足らぬ四尺なるかな」と書いてあった。あのころは五尺というのが男子の平均的な身長でした。それにかけて、自分は五尺に足りない四尺、つまり子爵だったと。要するに、「普通だと思ったら、普通に扱ってくれなかった」と暗に文句をいっているわけです。それで、与えるほうも「子爵では不満なのだろう」と配慮して、格上げして伯爵を与えた、というエピソードが残っています。

こういうところに小人的な片鱗がうかがえる。徳は高いけれども、人間というものは大きければ大きいで、またそれに伴うプライドというものがあるんですな。

利の本は義にある

したがって、ここで「**財用《ざいよう》を務《つと》むる者《もの》は、必《かなら》ず小人《しょうじん》に自《よ》る**」というのは、事務的処理をしていくものには、計算も確かで早く、てきぱきと処理していく能力を持っている者を使うということが必要だ、といっているわけです。しかし、「**彼之《かれこれ》を善《よ》くすと為《な》して、小人《しょうじん》をして国家《こっか》を為《おさ》め使《し》むれば災害《さいがい》並《なら》び至《いた》る**」事務処理がよくできるからといって、そういう小人に高い地位を与えて国家を治めさせたならば国家はなかなか治まっていかない。「災」というのは「禍」と同じですけれども、天のなせる災いを「天災」といい、人間による災いのことを「害」といいます。天災と人害が並び至るわけですから、これは安らかとはいえません。

「善者有《ぜんしゃあ》りと雖《いえど》も、亦之《またこれ》を如何《いかん》ともする無《な》し」

立派な人物が下位にいても、これをどうすることもできない。

「此《これ》を国《くに》は利《り》を以《もっ》て利《り》と為《な》さず」

だから、役に立つからといって目先の利によって小人を用いると、大局的には本当の利にはならない。

「義《ぎ》を以《もっ》て利《り》と為《な》すと謂《い》うなり」

結局、正しい行為をすることが利をなすということなのである。

正しい行為を積み重ねてくることが本当の利なのであるから、「義」というのは利の本になる、ということをいっておるものでありましょう。

戦後の日本は経済至上主義的なところがありましたから、金を扱うところの昔の大蔵省というのが非常に重要でありまして、大蔵大臣になるということが総理になる前提のようになっていた時期があります。

ところが、大蔵大臣を経て総理になるものですから、どうしても「徳は本なり、財は末なり」ではなくて、「財は本なり、徳は末なり」という国策的な考え方に傾きやすい。しかし本来は、この『大学』にいうように、国の総理とか大臣というものは、やはり「大人」君子型偉人であることが大切であろうと思います。その点では、議員がもう少しこの『大学』を読まなくてはいけない。そういう政治家が出たら、もっと根本的な論議ができるのではないかと思います。

ですから、どうぞ皆さんも今後ますます『大学』を勉強されて、もし三顧の礼をもって迎えられるならば、草莽《そうもう》の士といえども立って大臣の位にも就くぞというぐらいの見識をもって、自らの仕事、任務に精を出されんことをお願いいたします。

「一隅を照らすもので私はありたい　私が受け持つ一隅が　どんな小さいみじめなはかないものであっても　悪びれず　ひるまず　いつもほのかに　照らしていきたい」という田中良雄先生の詩にあるような光る人間となるように、お互い努力を重ねたいものだと思います。

私もちょうど九十を一つ過ぎましたが、まだ山の頂上にはあがっておりません。生ある限りは歩み続けたいと思っております。皆さんはまだまだ前途洋々でありますので、人生百歳時代に向かって、今から大いに準備をおこたらないようにしていただきたい。百年といったら、六十の人でもまだ四十年ありますから、その間、この『大学』を学び続けたら、これは大したものです。必ずや自ら光を発する人間となることでありましょう。

ということで終わりにいたしたいと思います。どうも長々と御清聴いただき、ありがとうございました。

大学

大學《だいがく》の道《みち》は、明徳《めいとく》を明《あき》らかにするに在《あ》り。民《たみ》に親《した》しむに在《あ》り。至善《しぜん》に止《とど》まるに在《あ》り。

止《とど》まるを知《し》りて后定《のちさだ》まる有《あ》り。定《さだ》まりて后能《のちよ》く静《しず》かなり。静《しず》かにして后能《のちよ》く安《やす》し。安《やす》くして后能《のちよ》く慮《おもんばか》る。慮《おもんばか》りて后能《のちよ》く得《う》。

物《もの》に本末《ほんまつ》有《あ》り。事《こと》に終始《しゅうし》有《あ》り。先後《せんご》する所《ところ》を知《し》れば、則《すなわ》ち道《みち》に近《ちか》し。

古《いにしえ》の明徳《めいとく》を天下《てんか》に明《あき》らかにせんと欲《ほっ》する者《もの》は、先《ま》ず其《そ》の國《くに》を治《おさ》む。其《そ》の國《くに》を治《おさ》めんと欲《ほっ》する者《もの》は、先《ま》ず其《そ》の家《いえ》を齊《ととの》う。其《そ》の家《いえ》を齊《ととの》えんと欲《ほっ》する者《もの》は、先《ま》ず其《そ》の身《み》を修《おさ》む。其《そ》の身《み》を修《おさ》めんと欲《ほっ》する者《もの》は、先《ま》ず其《そ》の心《こころ》を正《ただ》しうす。其《そ》の心《こころ》を正《ただ》しうせんと欲《ほっ》する者《もの》は、先《ま》ず其《そ》の意《こころばせ》を誠《まこと》にす。其《そ》の意《こころばせ》を誠《まこと》にせんと欲《ほっ》する者《もの》は、先《ま》ず其《そ》の知《ち》を致《いた》す。知《ち》を致《いた》すは物《もの》を格《ただ》すに在《あ》り。

物格《ものをただ》して后知至《のちちいた》る。知至《ちいた》りて后意《のちこころばせ》誠《まこと》なり。意《こころばせ》誠《まこと》にして后心正《のちこころただ》し。心正《こころただ》して后身修《のちみおさ》まる。身修《みおさ》まりて后家齊《のちいえととの》う。家《いえ》齊《ととの》いて后國治《のちくにおさ》まる。國治《くにおさ》まりて后天下平《のちてんかたい》らかなり。

天子《てんし》自《よ》り以《もっ》て庶人《しょじん》に至《いた》るまで、壹《いつ》に是《こ》れ皆《みな》身《み》を修《おさ》むるを以《もっ》て本《もと》と爲《な》す。

其《そ》の本亂《もとみだ》れて末治《すえおさ》まる者《もの》は否《あら》ず。

其《そ》の厚《あつ》くする所《ところ》の者《もの》を薄《うす》くして、其《そ》の薄《うす》くする所《ところ》の者《もの》を厚《あつ》くするは、未《いま》だ之《こ》れ有《あ》らざるなり。

康誥《こうこう》に曰《い》わく、克《よ》く徳《とく》を明《あき》らかにすと。

大甲《たいこう》に曰《い》わく、諟《こ》の天《てん》の明命《めいめい》を顧《かえり》みると。

帝典《ていてん》に曰《い》わく、克《よ》く峻徳《しゅんとく》を明《あき》らかにすと。

皆《みな》、自《みずか》ら明《あき》らかにするなり。

湯《とう》の盤《ばん》の銘《めい》に曰《い》わく、苟《まこと》に日《ひ》に新《あら》た日日《ひび》に新《あら》たに、又日《またひ》に新《あら》たならんと。

康誥《こうこう》に曰《い》わく、新《あら》たにする民《たみ》を作《おこ》すと。

詩《し》に曰《い》わく、周《しゅう》は舊邦《きゅうほう》なりと雖《いえど》も、其《そ》の命《めい》維《こ》れ新《あら》たなりと。

是《こ》の故《ゆえ》に、君子《くんし》は其《そ》の極《きょく》を用《もち》いざる所《ところ》無《な》し。詩《し》に云《い》わく、邦畿千里《ほうきせんり》、維《こ》れ民《たみ》の止《とど》まる所《ところ》と。詩《し》に云《い》わく、緡蠻《めんばん》たる黄鳥《おうちょう》、丘隅《きゅうぐう》に止《とど》まると。子曰《しのたま》わく、止《とど》まるに於《お》いて其《そ》の止《とど》まる所《ところ》を知《し》る。人《ひと》を以《もっ》て鳥《とり》に如《し》かざるべけんや。

詩《し》に云《い》わく、穆穆《ぼくぼく》たる文王《ぶんのう》、於緝熙《ああしゅうき》にして敬止《けいし》すと。人《じん》君《くん》と為《な》りては仁《じん》に止《とど》まり、人臣《じんしん》と為《な》りては敬《けい》に止《とど》まり、人子《じんし》と為《な》りては孝《こう》に止《とど》まり、人父《じんぷ》と為《な》りては慈《じ》に止《とど》まり、國人《こくじん》と交《まじわ》りては信《しん》に止《とど》まる。

詩《し》に云《い》わく、彼《か》の淇《き》の澳《いく》を瞻《み》れば、菉竹猗猗《りょくちくいい》たり。斐《ひ》たる君子《くんし》有《あ》り、切《せっ》するが如《ごと》く磋《さ》するが如《ごと》く、琢《たく》するが如《ごと》く磨《ま》するが如《ごと》し。瑟《しっ》たり僴《かん》たり、赫《かく》たり喧《けん》たり。斐《ひ》たる君子《くんし》有《あ》り、終《つい》に諠《わす》るべからずと。切《せっ》するが如《ごと》く磋《さ》するが如《ごと》しとは、學《がく》を道《ゆ》うなり。琢《たく》するが如《ごと》く磨《ま》するが如《ごと》しとは、自《みずか》ら修《おさ》むるなり。瑟《しっ》たり僴《かん》たりとは、恂慄《じゅんりつ》なり。赫《かく》たり喧《けん》たりとは、威儀《いぎ》なり。斐《ひ》たる君子《くんし》有《あ》り終《つい》に諠《わす》るべからずとは、盛徳至善《せいとくしぜん》、民《たみ》の忘《わす》るる能《あた》わざるを道《ゆ》うなり。

詩《し》に云《い》わく、於戯《ああ》前王《ぜんのう》忘《わす》れられずと。君子《くんし》は其《そ》の賢《けん》を賢《けん》として、其《そ》の親《しん》を親《しん》とす。小人《しょうじん》は其《そ》の樂《たの》しみを樂《たの》しみとして、其《そ》の利《り》を利《り》とす。此《ここ》を以《もっ》て世《よ》を没《おわ》りて忘《わす》れられざるなり。

子《し》曰《のたま》わく、訟《うったえ》を聴《き》くこと吾猶人《われなおひと》のごときなり。必《かなら》ずや訟《うったえ》無《な》から使《し》めんかと。情無《まことな》き者《もの》は、其《そ》の辭《ことば》を盡《つく》すを得《え》ず。大《おお》いに民《たみ》の志《こころざし》を畏《おそ》れしむ。此《これ》を本《もと》を知《し》ると謂《い》う。

此《これ》を本《もと》を知《し》ると謂《ゆ》う。

此《これ》を知《ち》の至《いた》りと謂《ゆ》うなり。

所謂《いわゆる》其《そ》の意《こころばせ》を誠《まこと》にすとは、自《みずか》ら欺《あざむ》く毋《な》きなり。惡臭《あくしゅう》を惡《にく》むが如《ごと》く、好色《こうしょく》を好《この》むが如《ごと》し。此《これ》を之《こ》れ自謙《じけん》と謂《ゆ》う。故《ゆえ》に君子《くんし》は必《かなら》ず其《そ》の獨《ひとり》を愼《つつし》むなり。

小人間居《しょうじんかんきょ》して不善《ふぜん》を爲《な》し、至《いた》らざる所《ところ》無《な》し。君子《くんし》を見《み》て后厭然《のちえんぜん》として、其《そ》の不善《ふぜん》を揜《おお》いて其《そ》の善《ぜん》を著《あらわ》す。人《ひと》の己《おのれ》を視《み》ること、其《そ》の肺肝《はいかん》を見《み》るが如《ごと》く然《しか》り。則《すなわ》ち何《なん》の益《えき》かあらん。此《これ》を中《うち》に誠《まこと》あれば外《そと》に形《あら》わると謂《い》う。故《ゆえ》に君子《くんし》は必《かなら》ず其《そ》の獨《ひとり》を愼《つつし》むなり。

曽子《そうし》曰《い》わく、十目《じゅうもく》の視《み》る所《ところ》、十手《じゅっしゅ》の指《ゆび》さす所《ところ》、其《そ》れ嚴《げん》なるかな。

富《とみ》は屋《おく》を潤《うるお》し、德《とく》は身《み》を潤《うるお》す。心廣《こころひろ》く體《からだ》胖《ゆた》かなり。故《ゆえ》に君子《くんし》は必《かなら》ず其《そ》の意《こころばせ》を誠《まこと》にす。

所謂《いわゆる》身《み》を修《おさ》むるには、其《そ》の心《こころ》を正《ただ》しうするに在《あ》りとは、身《み》忿懥《ふんち》する所《ところ》有《あ》れば、則《すなわ》ち其《そ》の正《ただ》しきを得《え》ず。恐懼《きょうく》する所《ところ》有《あ》れば、則《すなわ》ち其《そ》の正《ただ》しきを得《え》ず。好樂《こうらく》する所《ところ》有《あ》れば、則《すなわ》ち其《そ》の正《ただ》しきを得《え》ず。憂患《ゆうかん》する所《ところ》有《あ》れば、則《すなわ》ち其《そ》の正《ただ》しきを得《え》ず。心焉《こころここ》に在《あ》らざれば、視《み》て見《み》えず、聴《き》きて聞《きこ》えず、食《くら》いて其《そ》の味《あじ》を知《し》らず。此《これ》を身《み》を修《おさ》むるには、其《そ》の心《こころ》を正《ただ》しうするに在《あ》りと謂《い》う。

所謂《いわゆる》其《そ》の家《いえ》を齊《ととの》うるには、其《そ》の身《み》を修《おさ》むるに在《あ》りとは、人《ひと》其《そ》の親愛《しんあい》する所《ところ》に之《お》いて辟《へき》す。其《そ》の賤悪《せんお》する所《ところ》に之《お》いて辟《へき》す。其《そ》の畏敬《いけい》する所《ところ》に之《お》いて辟《へき》す。其《そ》の哀矜《あいきょう》する所《ところ》に之《お》いて辟《へき》す。其《そ》の敖惰《ごうだ》する所《ところ》に之《お》いて辟《へき》す。故《ゆえ》に好《この》みて其《そ》の悪《あ》しきを知《し》り、悪《にく》みて其《そ》の美《び》を知《し》る者《もの》は、天下《てんか》に鮮《すく》なし。

故《ゆえ》に諺《ことわざ》に之《こ》れ有《あ》り、曰《い》わく、人《ひと》は其《そ》の子《こ》の悪《あ》しきを知《し》る莫《な》く、其《そ》の苗《なえ》の碩《おお》いなるを知《し》る莫《な》しと。

此《これ》を身《み》修《おさ》まらざれば、以《もっ》て其《そ》の家《いえ》を齊《ととの》う可《べ》からずと謂《い》う。

所謂《いわゆる》國《くに》を治《おさ》むるには、必《かなら》ず先《ま》ず其《そ》の家《いえ》を齊《ととの》うとは、其《そ》の家《いえ》教《おし》う可《べ》からずして、能《よ》く人《ひと》を教《おし》うる者《もの》は之《こ》れ無《な》し。故《ゆえ》に君子《くんし》は家《いえ》を出《い》でずして、教《おしえ》を國《くに》に成《な》す。孝《こう》は君《きみ》に事《つか》うる所以《ゆえん》なり。弟《てい》は長《ちょう》に事《つか》うる所以《ゆえん》なり。慈《じ》は衆《しゅう》を使《つか》う所以《ゆえん》なり。康誥《こうこう》に曰《い》わく、赤子《せきし》を保《やす》んずるが如《ごと》しと。心誠《こころまこと》に之《これ》を求《もと》めば、中《あた》らずと雖《いえど》も遠《とお》からず。未《いま》だ子《こ》を養《やしな》うを學《まな》びて后嫁《のちとつ》ぐ者《もの》有《あ》らざるなり。

一家仁《いっかじん》なれば、一國仁《いっこくじん》に興《おこ》り、一家讓《いっかじょう》なれば、一國讓《いっこくじょう》に興《おこ》り、一人貪戾《いちじんたんれい》なれば、一國亂《いっこくらん》を作《おこ》す。其《そ》の機《き》此《かく》の如《ごと》し。此《これ》を一言事《いちげんこと》を僨《やぶ》り、一人國《いちにんくに》を定《さだ》むと謂《い》う。

堯舜《ぎょうしゅん》天下《てんか》を帥《ひき》いるに仁《じん》を以《もっ》てして、民之《たみこれ》に従《したが》う。桀紂《けっちゅう》天下《てんか》を帥《ひき》いるに暴《ぼう》を以《もっ》てして、民之《たみこれ》に従《したが》う。其《そ》の令《れい》する所《ところ》其《そ》の好《この》む所《ところ》に反《はん》すれば、民従《たみしたが》わず。

是《こ》の故《ゆえ》に君子《くんし》は、諸《これ》を己《おのれ》に有《ゆう》して后諸《のちこれ》を人《ひと》に求《もと》め、諸《これ》を己《おのれ》に無《な》くして后《のち》、諸《これ》を人《ひと》に非《ひ》とす。身《み》に藏《ぞう》する所恕《ところじょ》ならずして、能《よ》く諸《これ》を人《ひと》に喩《さと》す者《もの》は、未《いま》だ之《こ》れ有《あ》らざるなり。

故《ゆえ》に國《くに》を治《おさ》むるには、其《そ》の家《いえ》を齊《ととの》うるに在《あ》り。

詩《し》に云《い》わく、桃《もも》の夭夭《ようよう》たる、其《そ》の葉《は》蓁蓁《しんしん》たり。之《こ》の子《こ》于《ここ》に歸《とつ》ぐ、其《そ》の家人《かじん》に宜《よろ》しと。其《そ》の家人《かじん》に宜《よろ》しくして后《のち》、以《もっ》て國人《こくじん》を教《おし》うべし。

詩《し》に云《い》わく、兄《あに》に宜《よろ》しく弟《おとうと》に宜《よろ》しと。兄《あに》に宜《よろ》しく弟《おとうと》に宜《よろ》しくして后《のち》、以《もっ》て國人《こくじん》を教《おし》う可《べ》し。

詩《し》に云《い》わく、其《そ》の儀《ぎ》忒《たが》わず、是《こ》の四國《しこく》を正《ただ》すと。其《そ》の父子《ふし》兄弟《けいてい》と爲《な》りて、法《のっと》るに足《た》りて后《のち》、民之《たみこれ》に法《のっと》るなり。

此《これ》を國《くに》を治《おさ》むるには、其《そ》の家《いえ》を齊《ととの》うるに在《あ》りと謂《い》う。

所謂《いわゆる》天下《てんか》を平《たい》らかにするには、其《そ》の國《くに》を治《おさ》むるに在《あ》りとは、上《かみ》老《ろう》を老《ろう》として民孝《たみこう》に興《おこ》り、上《かみ》長《ちょう》を長《ちょう》として民弟《たみてい》に興《おこ》り、上《かみ》孤《こ》を恤《あわれ》みて民《たみ》倍《そむ》かず。是《ここ》を以《もっ》て君子《くんし》に絜矩《けっく》の道《みち》有《あ》るなり。

上《かみ》に惡《にく》む所《ところ》を以《もっ》て下《しも》を使《つか》う毋《なか》れ。下《しも》に惡《にく》む所《ところ》を以《もっ》て上《かみ》に事《つか》うる毋《なか》れ。前《まえ》に惡《にく》む所《ところ》を以《もっ》て後《うしろ》に先《さき》んずる毋《なか》れ。後《うしろ》に惡《にく》む所《ところ》を以《もっ》て前《まえ》に従《したが》う毋《なか》れ。右《みぎ》に惡《にく》む所《ところ》を以《もっ》て左《ひだり》に交《まじ》わる毋《なか》れ。左《ひだり》に惡《にく》む所《ところ》を以《もっ》て右《みぎ》に交《まじ》わる毋《なか》れ。此《これ》を之《こ》れ絜矩《けっく》の道《みち》と謂《い》う。

詩《し》に云《い》わく、樂只《らくし》の君子《くんし》は民《たみ》の父母《ふぼ》と。民《たみ》の好《この》む所之《ところこれ》を好《この》み、民《たみ》の惡《にく》む所之《ところこれ》を惡《にく》む。此《これ》を之《こ》れ民《たみ》の父母《ふぼ》と謂《い》う。

詩《し》に云《い》わく、節《せっ》たる彼《か》の南山《なんざん》、維《こ》れ石巖巖《いしがんがん》たり。赫赫《かくかく》たる師尹《しいん》、民具《たみとも》に爾《なんじ》を瞻《み》ると。國《くに》を有《たも》つ者《もの》は以《もっ》て愼《つつし》まざる可《べ》からず。辟《へき》すれば則《すなわ》ち天下《てんか》の僇《りく》となる。

詩《し》に云《い》わく、殷《いん》の未《いま》だ師《もろもろ》を喪《うしな》わず、克《よ》く上帝《じょうてい》に配《はい》す。儀《よろ》しく殷《いん》に監《かんが》みるべし。峻命易《しゅんめいやす》からずと。衆《しゅう》を得《う》れば則《すなわ》ち國《くに》を得《え》、衆《しゅう》を失《うしな》えば則《すなわ》ち國《くに》を失《うしな》うを道《い》う。

是《こ》の故《ゆえ》に君子《くんし》は先《ま》ず徳《とく》を愼《つつし》む。徳有《とくあ》れば此《こ》れ人有《ひとあ》り。人有《ひとあ》れば此《こ》れ土有《どあ》り。土有《どあ》れば此《こ》れ財有《ざいあ》り。財有《ざいあ》れば此《こ》れ用有《ようあ》り。

徳《とく》は本《もと》なり。財《ざい》は末《すえ》なり。

本《もと》を外《そと》にして末《すえ》を内《うち》にすれば、民《たみ》を争《あらそ》わしめて奪《うば》うことを施《ほどこ》す。

是《こ》の故《ゆえ》に財聚《ざいあつま》れば則《すなわ》ち民散《たみさん》じ、財散《ざいさん》ずれば則《すなわ》ち民聚《たみあつ》まる。

是《こ》の故《ゆえ》に言悖《げんもと》りて出《い》ずる者《もの》は、亦悖《またもと》りて入《い》る。貨悖《かもと》りて入《い》る者《もの》は、亦悖《またもと》りて出《い》ず。

康誥《こうこう》に曰《い》わく、惟《これ》れ命常《めいつね》に于《おい》てせずと。善《ぜん》なれば則《すなわ》ち之《これ》を得《え》、不善《ふぜん》なれば則《すなわ》ち之《これ》を失《うしな》うを道《い》う。

楚書《そしょ》に曰《い》わく、楚國《そこく》は以《もっ》て寶《たから》と爲《な》す無《な》く、惟善以《ただぜんもっ》て寶《たから》と爲《な》すと。

舅犯曰《きゅうはんい》わく、亡人以《ぼうじんもっ》て寶《たから》と爲《な》す無《な》く仁親以《じんしんもっ》て寶《たから》と爲《な》すと。

秦誓《しんせい》に曰《い》わく、若《も》し一个《いっか》の臣《しん》有《あ》らんに斷斷《だんだん》として他技《たぎ》無《な》く、其《そ》の心休休《こころきゅうきゅう》として、其《そ》れ容《い》るる有《あ》るが如《ごと》し。人《ひと》の技《ぎ》有《あ》る、己《おのれ》之《こ》れ有《あ》るが若《ごと》く、人《ひと》の彦聖《げんせい》なる其《そ》の心之《こころこれ》を好《よ》みし、啻《ただ》に其《そ》の口《くち》より出《い》ずるが如《ごと》きのみならず、寔《まこと》に能《よ》く之《これ》を容《い》る。以《もっ》て能《よ》く我《わ》が子孫黎民《しそんれいみん》を保《やす》んぜん。尚《こいねが》わくば亦利《またり》あらん哉《かな》。

人《ひと》の技《ぎ》有《あ》る、娼疾《ぼうしつ》して以《もっ》て之《これ》を惡《にく》み、人《ひと》の彦聖《げんせい》なる、之《これ》に違《たが》いて通《つう》ぜざら俾《し》む。寔《まこと》に容《い》るる能《あた》わず。以《もっ》て我《わ》が子孫黎民《しそんれいみん》を保《やす》んずる能《あた》わず。亦曰《またここ》に殆《あやう》い哉《かな》と。

唯仁人之《ただじんじんこれ》を放流《ほうりゅう》し、諸《これ》を四夷《しい》に迸《しりぞ》けて、與《とも》に中國《ちゅうごく》を同《おな》じうせず。此《これ》を唯仁人《ただじんじん》能《よ》く人《ひと》を愛《あい》し、能《よ》く人《ひと》を惡《にく》むを爲《な》すと謂《い》う。

賢《けん》を見《み》て擧《あ》ぐる能《あた》わず、擧《あ》げて先《さき》んずる能《あた》わざるは命《めい》なり。不善《ふぜん》を見《み》て退《しりぞ》くる能《あた》わず、退《しりぞ》けて遠《とお》ざくる能《あた》わざるは過《あやま》ちなり。

人《ひと》の惡《にく》む所《ところ》を好《この》み、人《ひと》の好《この》む所《ところ》を惡《にく》む。是《これ》を人《ひと》の性《せい》に拂《もと》ると謂《い》う。菑《わざわい》必《かなら》ず夫《そ》の身《み》に逮《およ》ぶ。

是《こ》の故《ゆえ》に君子《くんし》に大道《だいどう》有《あ》り。必《かなら》ず忠信《ちゅうしん》以《もっ》て之《これ》を得《え》、驕泰《きょうたい》以《もっ》て之《これ》を失《うしな》う。財《ざい》を生《しょう》ずるに大道《だいどう》有《あ》り。之《これ》を生《しょう》ずる者《もの》衆《おお》く之《これ》を食《しょく》する者《もの》寡《すく》なく、之《これ》を爲《つく》る者《もの》疾《はや》く之《これ》を用《もち》うる者《もの》舒《おもむろ》なれば、則《すなわ》ち財《ざい》恒《つね》に足《た》る。

仁者《じんしゃ》は財《ざい》を以《もっ》て身《み》を發《おこ》し、不仁者《ふじんしゃ》は身《み》を以《もっ》て財《ざい》を發《おこ》す。

未《いま》だ上《かみ》仁《じん》を好《この》みて、下《しも》義《ぎ》を好《この》まざる者《もの》は有《あ》らざるなり。未《いま》だ義《ぎ》を好《この》みて、其《そ》の事《こと》終《おわ》らざる者《もの》は有《あ》らざるなり。未《いま》だ府庫《ふこ》の財《ざい》、其《そ》の財《ざい》に非《あら》ざる者《もの》は有《あ》らざるなり。

孟獻子《もうけんし》曰《い》わく、馬乗《ばじょう》を畜《か》えば、鶏豚《けいとん》を察《さっ》せず。伐氷《ばっぴょう》の家《いえ》には、牛羊《ぎゅうよう》を畜《か》わず。百乗《びゃくじょう》の家《いえ》には、聚斂《しゅうれん》の臣《しん》を畜《やしな》わず。其《そ》の聚斂《しゅうれん》の臣《しん》有《あ》らんよりは、寧《むし》ろ盜臣《とうしん》有《あ》れと。此《これ》を國《くに》は利《り》を以《もっ》て利《り》と爲《な》さず義《ぎ》を以《もっ》て利《り》と爲《な》すと謂《い》うなり。

國家《こっか》に長《ちょう》として財用《ざいよう》を務《つと》むる者《もの》は、必《かなら》ず小人《しょうじん》に自《よ》る。彼《かれ》之《これ》を善《よ》くすと爲《な》して、小人《しょうじん》をして國家《こっか》を爲《おさ》め使《し》むれば、菑《さい》害《がい》竝《なら》び至《いた》る。善者《ぜんしゃ》有《あ》りと雖《いえど》も、亦《また》之《これ》を如何《いかん》ともする無《な》し。此《これ》を國《くに》は利《り》を以《もっ》て利《り》と爲《な》さず、義《ぎ》を以《もっ》て利《り》と爲《な》すと謂《い》うなり。

編集後記

当社の社名、そして社業の中心である月刊誌の誌名「致知」は、『大学』にある言葉「格物致知」に由来している。

それだけに、『大学』の分かりやすい解説書の出版はかねてからの願いであった。では、執筆をどなたにお願いするか。

字句の正確な解釈と学術的な解説、ということであれば、適任者はたくさんおられる。だが、それだけの本にはしたくはないという思いがあった。一字一句が読む者の胸に響き、細胞に染み込み、現実に照らし合わされ、日々の生活に活かされていく。そういう本にしたいという思いを抱きつつ適任者を得ぬまま月日がたっていた。

そんなときに、伊與田覺先生の講義を聞く機会があった。

伊與田先生は七歳で論語に触れ、青年期には安岡正篤師に師事し、一貫して古典を学び続けてこられた人である。それも知識や学問のための学びではなく、「己をつくる」ために学んでこられた方である。その故だろう、その講義には古典のエキスが体に溶け込み、それが風韻となって息づいている趣があった。

この方を措いてほかにはないと直感し、伊與田先生に致知の読者対象に全六回の『大学』の講義をお願いした。

本書はその講座をもとに、今年九十二歳になられる伊與田先生が加筆、修正されて成ったものである。

伊與田先生は言われている。

「自己自身を修めるには、あまり効果を期待せず、静々と人知れずやられるといい。それを続けていると、風格というものが出てくる」

本書との出合いにより、己を修め、人を治める道――すなわち「修己治人の学」に目覚め、その学びを後世に伝えんとする人の一人でも多からんことを願ってやまない。

平成二十年七月吉日

株式会社致知出版社
代表取締役社長　藤尾秀昭

著者略歴

伊與田 覺（いよた・さとる）
大正5年高知県に生まれる。学生時代から安岡正篤氏に師事。昭和15年青少年の学塾・有源舎発足。21年太平思想研究所を設立。28年大学生の精神道場有源学院を創立。32年関西師友協会設立に参与し理事・事務局長に就任。その教学道場として44年には財団法人成人教学研修所の設立に携わり、常務理事、所長に就任。62年論語普及会を設立し、学監として論語精神の昂揚に尽力する。著書に『「人に長たる者」の人間学』、『「大学」を素読する』、『愛蔵版「仮名論語」』、『「孝経」を素読する』、編著に『「論語」一日一言』（いずれも致知出版社）など。

「大学」を味読する
己を修め人を治める道

平成二十年八月　八　日第一刷発行
平成二十九年四月十五日第三刷発行

著　者　伊與田　覺
発行者　藤尾秀昭
発行所　致知出版社
〒150-0001東京都渋谷区神宮前四の二十四の九
TEL（〇三）三七九六―二一一一
印刷　㈱ディグ　製本　難波製本
落丁・乱丁はお取替え致します。　（検印廃止）

ISBN978-4-88474-820-3　C0095
ホームページ　http://www.chichi.co.jp
Eメール　books@chichi.co.jp